拈花微笑。

聖嚴法師 著

自序

本書《拈花微笑》，從其性質而言，實是《禪的生活》的續集。距《禪的生活》的問世，已整整兩個年頭，此期間，我沒寫成其他新書，可見不是多產。

因為我於一九八二年八月，應新加坡佛教總會之邀，去南洋訪問一個月，以氣候及水土不服，抱病回到臺灣，住院療養一個多月之後，體力始終未能恢復，加上臺灣及美國兩地的道場法務，和教育及文化工作的推動，每有力不從心之感。所以，在此以前，是主動地要講要寫，以期能使更多的人，獲得佛法的利益；在那之後，竟爾變為被動，由於農禪寺每週週日禪坐會，以及少數無法推辭的演講會必須要講，加上《人生》月刊的鐵定要稿，就在這樣的因緣之下，又完成了關於禪修的這一本書。

本來，一個專精於禪修生活的人，不宜多涉人事及文字；雖然古代的偉大禪師們，多有道場以接眾安眾，並且通達經教以方便化眾，而像我這樣以推動佛教教育文化與禪修方法並重的人，實在不是傳統禪師的型範。雖然像日本禪宗史上的偉人道元及白隱，是兩位以多病知名的禪師，但絕大多數的禪者，確能予人以銅筋鐵骨、體魄健壯、山亭嶽峙的印象。而我個人，只因得到一些修持佛法的受用，往往能夠處於身心勞累而不厭煩，事雖多而心自寧，氣雖虛而不浮躁，體雖弱而不苦惱的狀態；常懷淨願而少惹私欲，成事不為己，失敗無所損。偶爾仍有煩惱習性在心中現起，幸而我時以慚愧心自勵，故能瞬息消逝。每以聖賢的心行自期，恆以悠悠的凡夫自居。禪宗固為頓悟法門，我的立場則講求層次分明，用以自警，勿以凡濫聖，勿以染亂淨，不得倒因為果而稱無上究竟，這也是我繼續出書的原因之一。

本書共收二十四篇稿子，其中〈中國的維摩詰——龐居士〉曾發表於《獅子吼》月刊，〈禪的修行與體驗〉載於《菩提樹》雜誌，餘者均係在《人生》月刊載過的文章。其中正篇二十三篇，除了〈佛法無邊〉講於加拿大，〈因緣果法〉是為臺北「緣社」的婦女團體所講，〈禪的修行與體驗〉講於臺北市的中國佛教居士會，其餘都是由農禪寺禪坐會的講稿修訂而成，性質大致相近。多半都是貼切著現實生活而談禪法的修行，僅少數幾篇陳義比較深入，組織比較緊密，但也尚無一篇是讓人看不懂的文字。有人將同一篇文字，一讀再讀，均有新的領會，對我自己而言，也有同樣的作用。因我要求自己的言論，務必要有經義及祖語的依據，雖然使用自己的文字工具，卻不敢僅以個人的禪修經驗來妄論佛法，此乃唯恐落於「離經一字，即同魔說」的情況而不自知。故在重讀自己的講稿時，既有知誤修正的好處，也有溫故知新的利益。出書固為讀者，更是為了幫助自己。

另收有一篇附錄〈禪與新心理療法〉，是一位英國心理學教授克魯克博士（Dr. John Crook），在美國東初禪寺訪問我時的對話筆錄。

綜看本書，是以淺近的語文，表達常人都能看懂的佛法，由基礎的佛學常識，到專門的禪學思想，由一般生活中實用的禪學修養，到長期專修的禪修境界，做了層次化的介紹。

一九八六年十月十八日序於臺北北投農禪寺

目錄

佛法無邊

謝謝性空法師的歡迎，謝謝張博志居士的介紹，謝謝加拿大佛教會、大悲精舍、多倫多佛學會、多倫多大學佛學會的聯合邀請，使我有此榮幸，再度來到多倫多拜訪和請教。

一、世法與佛法

俗說「佛法無邊」，相對地說，世法就是有邊的了。但是，不能離有邊而談無邊，故亦不能離世法而談佛法。

（一）什麼是世法？

所謂世法，即是世間法，指的是我們日常生活中所接觸到各種人、事、物，彼此發生了關係，而產生種種生滅聚散的現象，所以世間法又稱為因緣法。

例如，男女結合是因緣法，生下孩子是因緣。主體為因，客體為緣；彼此需要結合，所以彼此為緣。互為主體，而又互為客體，便是相互為因，也是相互為緣，因此而有了結婚生子的結果。

人與人之間，互為因緣；物與物之間，只要發生接觸的關係，也是互為因緣而必產生結果。如在森林中，有兩棵緊挨著的枯樹，由於被風吹呀吹的，互相摩擦的結果，便起了火，而使森林失火。枯樹相接觸是因，風的吹動是緣，起火失火是果，其間沒有人為的因素。此即佛所說的世間法。當然，若究其根本，則一切因緣法，均係有情眾生的業力為其主因。

世間法可分為三等或三類：

1. 自然的物理變遷，也就是眾生所處環境的現象。
2. 眾生的生理活動，也就是有情眾生的生命現象。
3. 眾生的心理活動，也就是人類心念的生滅現象。

現在，逐一加以說明：

1. 物質世界，是我們生存的環境，也就是地球。或者擴大點來說，是太陽系，乃至銀河系。而銀河系是我們所知道的這個宇宙中距離我們最近的一個大範圍。但是世間法，既是因緣法，就不會永遠不變，此所謂變，不僅是地球與太陽的公轉或自轉，而是它們的完成、出現與毀壞、消失。

不僅地球世界將有末日，即使太陽系、銀河系以及任何最大範圍的天體，既有活動，就會毀滅。在無限大的宇宙中，每一秒鐘，均有無量數的星球誕生，也有無量數的星球毀滅。它以成、住、壞、空，再成、住、壞、空，循環不已的現象，說明無常的事實。既然物質世界的存在，是成、住、壞、空四個過程中的幻象，幻象都是局部的、暫時的，既非普遍與永恆，故稱為有邊。

2.眾生的生理活動，稱為生命現象。生命的過程，是從出生到死亡，在這之間，身心的痛苦和障礙，稱為病；秒秒分分地新陳代謝，稱為老。在中國據說有一些長生不死的仙人，但是那也只限於傳說，道家所說的不死之術，尚未真的成為事實。既然離不開生、老、病、死，故稱有邊。

3.眾生的心理活動，又稱為心理現象。大家以為今天的「我」，同樣是昨天的「我」，明天的「我」也同樣是今天的「我」。其實，不僅生理在變變不已，我們的心念也是生生滅滅，從來不曾停留過。前念不同後念，前念消滅，後念生起，後念生起而同時前念消失。普通人是沒有發覺這一點的，要有修行的人才會明白。而且修行的程度愈高深，覺察心念起滅的現象也就愈微細，故有「一剎那間，九百生滅」之說。心念的由生至滅的中間，尚有住與異的階段，既然離不開生、住、異、滅四種現象的連續無間，便可明白以心為我的觀念，只是一種幻覺的執著，並無不變的實質可言。生理的生命，是一連串的幻影；心理的自我，是執著幻影的幻覺。因為都是因緣所生的暫時和局部的假象，所以是有邊的。

（二）什麼是佛法？

佛法就是解脫法。但是有很多層次，有淺、有深、有更深的。而佛法的解脫，不僅是最深，而且是最究竟的。

解脫什麼？脫苦。有人對我說：「我不要佛法來解脫，我不覺得苦，我天天都很自在。」我就問他：「你要不要得到稱心滿意的工作機會？要不要娶一位秀外慧中理想的太太？要不要生個把有出息的孩子？」他說：「假如做得到的話，通通都要。」我說：「那麼你想要什麼，是否就能像天人一般，思食得食，思衣得衣，隨心所欲，都能得到呢？」他說：「當然不能，我還沒有成仙哩！」我說：「對了，你要高薪高職的工作，要不要努力呢？」他說：「要。」我說：

「努力是否辛苦？」他說：「當然。」我說：「你為追求美慧的太太是不是一下子就能追到手呢？」他說：「一下子就追到的女孩子不夠味，經過千辛萬苦追到才能回味無窮。」我說：「你追太太，追得好辛苦啊！」他說：「現在已經追到了，辛苦已經過去了。」我問：「你太太生了孩子，從呱呱墜地，直到長大成人，要花多少心血呢？撫養不易，教養尤難，對嗎？」他說：「是的，沒有做父母之前，不會知道父母的辛勞，教養孩子是件苦事，總括來說，天下父母心，就是苦心。不過，孩子也為我們家庭帶來了很多歡樂呀！」我說：「你講來講去，還是苦時多、樂時少。」請問諸位：「你們苦不苦啊？」合理的苦不是壞事，只要我們知苦而接受苦境的鍛鍊，菊花傲霜，梅花耐雪。受苦的代價，便是美好的前程。

苦有三類：1.生活的苦，2.心念的苦，3.無知的苦。

1 以修善積德，解脫生活的貧病之苦

佛法教我們修善積德，多做好事，結果可以大富大貴、身體健康、家庭平安、眷屬和樂、受人愛戴、諸事順利。這就離開了身體病痛，也離開了夫妻吵

架、兒女不孝順、找不到工作，以及遭人輕視、得不到幫助等的苦楚。請問諸位，你們之中，哪一位的家裡，從來沒有吵過架的，請舉手（結果無人舉手）。又請問，俗語說：「家家有一本什麼難念的經？」是不是《阿彌陀經》、《金剛經》或是〈觀世音菩薩普門品〉（簡稱〈普門品〉）呢？我希望你們家家都念《阿彌陀經》、《金剛經》、〈普門品〉，那麼，那本難念的經就會容易念得多了。

2以修行禪定，解脫心念的煩惱之苦

我們的心念是不容易控制。昨天在多倫多大學（University of Toronto）演講後，有位西方人問我：「無法讓生活步調走上有紀律的人，能不能從佛法得到幫助？」我說這是通常每一個人都會發生的問題。我們不能控制自己，明明知道不應該做的，他卻做了再做；不應該想的，他卻自然而然地想了又想；有時候能控制不去做，卻不能控制不去想。失戀者、失眠者，最能體驗這種痛苦。嗜酒、嗜菸、嗜偷盜、嗜邪淫者，乃至嗜偏食者，都會有這種心不由己的痛苦經驗。

最近我去訪問一位紐約州立大學的教授時，他招待我到他的家裡用茶點。他患有相當嚴重的糖尿病，但當他太太離座他去時，他便馬上偷偷地在桌上拿起一根香蕉，三、兩口就吃完了。我問他：「你明明知道它對你的健康有害，為什麼還要吃它呢？」他說：「我知道，可是還是很想吃，沒有辦法。」他又解釋給我聽：「你可知道？有時候糖尿病患者，沒有糖分補充也是不行的。」

我想在座的你們大概多是這種人吧？當然，不一定是害了糖尿病，對不對？做爸爸的有沒有做一些不讓小孩子知道的事？應該讓小孩子對爸爸有一個好印象，對嗎？可是你絕對不是你孩子印象中那樣的好爸爸。因為你的心不受控制，無法不受外境的誘惑。這必須用禪定的修行法來幫助你，使你從種種的誘惑及刺激中，得到解脫。

3以修行智慧，解脫愚癡之苦

佛說，三界眾生是可憐憫者！為什麼？因為他們不知道自己原來是什麼？不知道他們生活是為了什麼？更不知道將來究竟變成什麼？不僅生不知從何而來，死不知往何處去，即使在從生到死的過程中，也渾渾噩噩、迷迷茫茫。強者巧取豪奪，弱者苟安偷生，究竟由何因，獲得如此果？現在造作種種因，又將獲得什麼果？他們不知道，甚至遇到了佛法，也不願接受，所以說眾生是愚癡的、剛強的。

愚癡者承認愚癡，尚不算壞；聰明人不以為自己愚癡，則更加可憐了。

聰明人所知者是知識，知識卻不等於智慧，凡有自我中心作依據的任何知識，都不是智慧。知識分子最易犯的通病是自恃、自傲、自是、自我肯定，這些雖是對於自身所持學問及見解的信心所不可缺者，卻是一種堅固的執著心態。既有所執著，便遠離了智慧。知識可用學習、訓練、研究及生活的經驗而得；智慧則是擺脫了自我中心的人我愛瞋等的煩惱之時，所產生的直接觀點，但也完全不同於直覺的反應。直覺是不分青紅皂白的，智慧則青是青、紅是紅、黑是黑、白是白，歷歷分明，清清楚楚，只是不把自我放到所接觸的事物中去，也不把事物和自我對立起來，故無所謂主觀，也無所謂客觀。無我、無相，而法相宛然，才是智慧的領域。

二、什麼是因緣法

兩個以上的因素相加，就會產生另一個結果，便是因緣法的現象。

從善的一面看，因緣促成事物之間的統一與和諧；從惡的一面看，因緣製造事物之間的衝突與矛盾。然而，不論是統一與和諧，或是衝突與矛盾，無非都是暫時的。雖屬暫時，也不能說它沒有。故從因緣的假合看，無一不是空，若從因果的事實看，又無一不是有的。知因緣法，可以不執著，明因果法，則需要廣種福田而不得為非作歹。

因緣法的本身，沒有道德與不道德的問題。善與惡的判斷標準，乃須視眾生的立場而有不同。例如有人隔山觀虎鬥，兩虎相鬥，不死即傷，對此兩頭或死或傷的老虎而言，相鬥的因緣造成傷亡，乃是大不幸的惡事；可是對於那位隔山觀虎鬥的人來說，此一因緣不僅除了虎患，可能還輕而易舉地平白發了一筆虎皮及虎肉的橫財，當然是好事。

可知所謂善與不善的道德觀，僅就人的立場而作標準，是不公平的。毒蛇猛獸，古來的人皆以為可惡，但今天的文明社會，已有許多人能夠易位而處，以為那些捕殺野生動物的人，更加可惡了。

三、有邊與無邊

「邊」是界限、範圍、領域、階段等的意思。從空間講，這個講堂是七千平方英尺，雖然很大，但仍限於此數，四面的牆壁門窗，便是它的邊際。從時間講，這次的演講，是自下午二點至五點，除了主持人的歡迎詞，主辦單位的介紹詞，還要留四十分鐘給諸位發問。我能利用的不足兩小時，王明怡君的粵語翻譯，又占了其中的一半，真正由我演講的時間，實在太有限了，這也叫作有邊。只要有空間與時間的範圍，無不是有邊；時空的相加，稱為宇宙，不論它有多久多大，多短多小，均未脫出有邊的世間。

從有形物體的存在，知有空間；從物體的移動變化，知有時間。從時空所得的經驗之累積，稱為知識，時空既有限，知識當然也是有限，知識限於執著空與有、善與惡、對與錯的兩邊。凡為有限，便不能無敵，唯至無我無相，不取不捨，始稱無邊無限。佛世有一位大學問家，他以為世間學問無不盡知而且精通，甚至將他的腦袋及肚皮用銅箍箍起，怕其學問過多而發生爆炸。他聽人說，佛陀是一切智人，是大覺智者，他很不服氣，便去找著佛陀辯論。他對釋尊說：「究竟是你知得多還是我知得多，讓我們來比一比。」佛陀問他：「如何比法？」他說：「任你出個題目，我都可以向你保證，一定將你駁倒。」佛說：「那倒好，我沒有題目，就是我的題目，你來辯駁吧。」結果，那位大學問家，竟然黔驢技窮，瞠目以對，無法測知佛陀的智慧究竟有多高深了。

執有，是有邊；執空，則是空邊。空、有二邊，都是有邊。依仗知識，因為執著；沒有知識，更屬荒唐。佛法教人不執二邊，也不捨二邊。當然，此非和事佬式的折衷主義，也非騎牆式的中道主義，而是把有與空的二邊為我所用，我卻不為有與空的二邊所綑。

（一九八四年十二月十六日講於加拿大湛山精舍，張繼成居士錄音整理）

案：此篇講稿在講出時，純用通俗的口語，整理刪修之後，則不僅語句精簡，文義也有不少補正，故與講出的當時，綱目依舊，而其內容，已不盡相同。

因緣果法

臺北市婦女會理事長周吳秋冬女士、立法委員汪秀瑞女士、中央婦工會委員周靜仙女士、國大代表曾蟳女士、「緣社」諸位居士大德，非常高興以我們這簡陋的地方，有幸接待諸位大臺北區婦女學佛社團的光臨。本來應該做簡報，但諸位可從我們所奉贈的紙袋裡之五種書刊，了解關於我們這個道場和聖嚴個人的一些弘化事業，請多多指教鼓勵。我們很有緣，在不知有我們這個道場和我聖嚴這個人的情形之下，大家卻到了這偏僻的地方來。

貴社的聯絡人王平蘭小姐，指定我就「因果」兩字，做一個多小時的演講。由於貴社的發起人以「緣」字做為命名，乃是大有智慧的表徵；也可以說，佛法的最大特色，便是緣起或緣生之說的開創。因此我想，先從緣字談起，然後再談因果。佛法中，通常是因緣二字並用，貴社何以不取名「因社」而叫作「緣社」？

實是一項非常有智慧的抉擇。

現在，我們先談什麼是因？什麼是緣？因是主體，緣是客體。如說是「因」，便是主觀的立場，例如，我要做、我能做、我所做的，這便是以我為主，以他為副。

緣呢？緣是無我的，是純客觀的，一切現象都是從眾緣生，又從眾緣滅。例如，我們的生活環境及生活所需都是社會大眾互相合作的結果，便是眾緣和合所促成的。我們任何一個個人，只不過是社會大眾中的一個緣而已。不以我為主因，所以是無我的。

從家庭到社會，從宗教到民族，乃至國家與國家之間的衝突和戰爭，無不由於出主入奴的自我中心的立場或觀念而產生。譬如，太太說：「男主外，女主內，我是一家之主。」而先生也說：「夫唱婦隨，我才是家庭中的主人。」那麼在這對夫妻之間的任何事情，都可能構成爭端，甚至釀成家庭破碎等的悲劇。由於這種型態的推演，人和人之間，便充滿矛盾、猜忌、怨怒、衝突和鬥爭，失去了和樂相處、融洽無間的精神，這是非常不幸的事。

假如人人都認為自己只是對方的配角，做太太的應想：「我是配合丈夫，照顧家庭的人，以丈夫為主，以孩子為重。」做丈夫的人，也是這麼想：「家庭是以太太為主的，我在外賺錢養家，是為了維護和幫助妻兒的安全與幸福。」如果能夠這樣，這個家庭中的成員是相互為緣，彼此敬愛和尊重，便能同心協力地共同開創美滿幸福的家園了。

一、緣的種類

緣又可分為四種：因緣、次第緣、緣緣、增上緣。因緣是主緣；次第緣又名等無間緣，是前後兩個相連接的主緣之間不容任何他緣加入；緣緣又名所緣緣，是主緣因對象而有活動；增上緣是以上三緣之外對現象生起的一切助緣。這四緣本係唯識學上對於諸法生起的原因做分解說明，相當難懂，今天我只用現實生活的角度，來向諸位介紹。

（一）因緣

「因緣」，第一個產生推動力的，是創始者或發起人。從發端而言，他是因；對整體的大眾而言，他是緣。比如，貴社最先一定有一個人，想到要集合對佛學有興趣的婦女朋友們，共同地去探討、尋求佛法的真理，於是著手號召或邀請志同道合的婦女朋友們，組織成立「緣社」。這個最早發起的人既是因，也是緣。為什麼呢？因為他是其他有共同志趣的學者的助緣。他以成立「緣社」的構想，配合著完成大眾共同的希求。

請問諸位，我在這兒和各位談「緣」的問題，對你們而言，我究竟是因呢？還是緣？諸位需要我來講，所以我就被請出來講。我是配合諸位，所以我是緣，諸位是因。再說，現在我一個人站在這兒說佛法，說給諸位這許多人聽，所以我是因，諸位是緣。然而究竟誰才是真正的因呢？是諸位而不是我聖嚴，聖嚴是與因配合的緣。

通常不是學佛的人講因緣，多半是指男女間的結合，那是「姻緣」；這和此處講的因緣不同，但也並不是完全不同。這必須講到過去的和現在的，因為過去彼此之間有緣，現在才能在一起，而現在在一起後，又產生了另一種的緣。而男孩、女孩二人結合，他們是互為因緣，共同促成夫婦的關係，彼此是對方的助緣，各自是對方的一半，即相依為命。因此，不必爭執誰才是主？誰才是副？如果彼此互爭主因的位置，就無法避免夫妻吵架的事了。

我在國內或國外，常常遇到一些夫婦不和的問題，有些是為了兒女、財產，而多半是在於先生有了外遇新歡。如果是太太一個人來找我，我便對她們說：「問題出在於你而不在於他。」太太們一聽到我這麼講都很生氣。因為她們已受到欺侮和委屈，所以來請問師父怎麼辦，結果師父反而說她們不對。我說，我沒有辦法找到你們的先生們來罵幾句，而他們也不可能來，因此我只有先教你怎麼辦，然後慢慢地來改變你的先生，進而使你的家庭達到美滿和樂的目的。原則是只要把自己當成配角，全心全力地迎合你的先生，無論是感情上、經濟上、工作上或家庭生活、健康所需等各方面，付出更多的忠心、耐心和愛心，照顧他、服侍他，漸漸地使得他處處都需要你，若沒有你，則他的家庭和事業，乃至健康都無法維持；不要把主要目標放在他的外遇對象身上。諸位女居士們，我這種說法，當然是不夠公平的，但這種作法是非常地安全。自古以來，賢妻良母都是從奉獻自己而來的。

(二) 次第緣

「次第緣」，不論自己是主因或是助緣，凡有活動，即有結果；不論從時間的相續或空間的接觸上看，前後是相連的，彼此是相通的。因此，人生於宇宙之間，絕非孤立，毫不寂寞，前與無限年前的古人同根，後與無限年後的來者同源，今與無限數的眾生休戚相關。我們雖渺小，但又極偉大。若明次第緣，便會知道「天行健，君子以自強不息」而不捨晝夜的意義了。婦女的耐力，正好與此吻合。

(三) 緣緣

「緣緣」，緣緣是因緣的對象，由於緣緣才有因緣的活動，它不是主因，卻為主因產生活動所不可缺，它重要，但不是直接而是間接的。

我們時常聽到有人說「成功不必在我」，我們做任何事，不必站在出名的立場，也不必求得直接的回報。俗語說「前人種樹，後人乘涼」，在座的諸位母親們，在報上很少見到你們的名字，可是你們的先生或少爺、小姐的名字，卻時時在報上刊登出來，正像我們從水果店買到鮮美的各色果類，卻不知種植和改良它們的是誰。

諸位都在默默地耕耘，不求自己揚名，你們既是賢妻，也是良母，是國家民族最重要的幕後功臣，所以你們是緣緣，是社會國家民族的緣緣。

我們時常看到有些女性們默默地為國家、民族、社會貢獻她們自己，但她們並沒有在歷史上留名，諸位是否知道孟子的母親叫什麼名字？我們只知道「孟母三遷」而已；宋朝岳飛的母親又叫什麼名字？她能教出岳飛那樣盡忠報國的大忠臣，可是我們只知道她是岳母，而不知她究竟是誰？她們所付出的心血非常地大，但是所得到的報酬卻不易見到。或許你們會認為她們所做的都很冤枉和白費，事實上以佛法的立場來看並不然，不管你做什麼，是直接也好、間接也好，只要付出努力，一定功不唐捐。

（四）增上緣

「增上緣」，增上的意思是幫忙。他已經在做一件事，且做得很好，如果我們再給他一點小的幫助，那麼他會做得更好、更完美。比如，有一窮苦的孤兒，他有能力讀書，也有上進的毅力，可是他沒有錢上學，這時我們可用金錢或言語幫助他。

記得我在日本求學的時候，有次只剩下一個月的房租錢，未來的學費、生活費、房租等等都沒有著落，當時我就想拿那一個月的房租錢買張船票回國。於是去見我的指導教授，告訴他，我大概無法完成學業。而我的指導教授說：「我們日本的文化和佛教，都是從你們中國傳來的，在唐、宋時代，我們的留學生到中國去求法時，並沒有帶很多的錢，仰仗你們中國人的照顧，幫他們完成學業，當他們返國時又給他們帶回大批的經典法物。因此，你放心好了，如果真的沒有辦法，我可以帶你去化緣。」接著他又說：「我們學佛的人，道心第一，只要你發心，如果會餓死，那佛法就不靈了。」我的那位教授沒有給我什麼物質上的幫助，只有這幾句話給了我很大的鼓勵。結果，經過沒有多久，有人從瑞士寄錢給我，到現在為止，我仍然不知道寄錢給我的人是誰？我想，大概是觀音菩薩送來的。當時如果我的教授不說那些話，我的書可能就讀不成，因此，這位教授是我的增上緣。由此可見，幫助人不一定要拿很多錢出來才算；當然你有力量用錢助人也是善事。所以，以任何的方式造就人、幫助人，成就善事好事，這就是增上緣。

增上緣又分為兩種：上面所說是順增上緣，是從正面來幫助人；另一種是逆增上緣，是用打擊來幫助人。

在釋迦牟尼佛行菩薩道的時候，提婆達多時常找他的麻煩，甚至菩薩化現的帝釋天也會化現魔鬼來打擊他。我個人也有這種經驗，我本來在山裡閉關修行了六年多快滿七年時，由於有人寄給我幾本書刊，有的是基督教牧師所寫的，另外是任教於輔仁大學的神父所寫的。他們在書中提到現在中國佛教已經滅亡了，因為在中國佛教徒之中沒有一位真正懂得佛法的人；有誰懂得梵文？又有哪幾個佛教徒可以寫出較深度的書？廟裡的僧尼，只會教人拜拜、念阿彌陀佛，其他的什麼都不知道。我當時想，我應該怎麼辦呢？最後下定決心，出國留學，自己去學一點世界上最高深的佛學。那時我已將近四十歲，因此有很多人說，你已經老了，怎麼還想去留學？我說，沒關係，為了佛法，我一定要去。結果我在日本住了六年，完成了博士學位。所以，我很感謝那兩位牧師和神父，他們是菩薩化現的，來刺激我們佛教徒，要我們自己好好地努力。

在生活裡和生命的過程中，愈挫愈奮，是成功者必備的條件。如果偶爾受到人攻擊或刺激，就無法忍受，而退縮躲藏起來，那就永遠也不會有成功的可能了。我非常地感謝基督教和天主教，雖然他們老是罵我們拜偶像，是魔鬼，應下地獄；可是這幾十年來，如果不是他們對佛教的批評、刺激和毀謗，我們佛教徒不會有自覺的精神出現。我們每個人如果對那些批評、打擊、毀謗產生感恩的心，使得未做的善事當努力，已做的善事宜繼續；已有的錯誤應改過，未有的錯誤當避免，那麼遭受挫折未必不善，用之得當，便是你我的增上緣。

我們都知道舜帝是大孝子，他遇到一位最不慈祥的父親，和最不友善的弟弟，隨時隨地都想將他害死。可是舜之所以成為聖王，就是因為這種家庭背景將他磨鍊出來。

如果我們相信逆增上緣，那麼，我們看世界上所有的人都是好人，沒有任何一件事是壞事。遇到不幸的事件發生時，更能激發我們從中提起精神來繼續不斷地努力，「多難興邦」也正是中國人的古訓。所以身為佛教徒，應該相信「緣」字，接受緣的安排，促成緣的發生，那麼，我們便會經常處於快樂滿足、和諧互助、努力不懈的生活中。因此，我很讚歎你們用「緣」字來命名，也很高興知道了有這麼一個「緣社」的社團。

二、因果法

接著我們來講「因果」，因果是從因緣而來的。從「前與後」的關係看，叫作因果；從「彼與此」的關係看，叫作因緣。你和我的關係，他和他的關係，彼此之間發生關係叫作緣。由現在的緣，連接上過去的緣和未來的緣，便是三個時間和位置的兩重因果關係。

諸位想聽佛法，結果來農禪寺聽聖嚴講「因緣果法」，這是因果。諸位都聽過「種瓜得瓜，種豆得豆」的話，種時叫因，得時叫果；好人一定有好報，壞人也一定有壞的下場。若僅從現在一生來說，因果論是不容易說服人的，佛法所談論的因果，必須是三世的兩重，並且是從現在的三世，追溯過去的三世，推展到未來的三世。

我們現在的三世是指這一生的時間過程：昨天、今天、明天，乃至往上有父母、祖先，往下有子子孫孫；過去的三世是指我們自己在此生未出生以前，無量世中的每一個時間的過程中，在何處做何事、遇何人；未來的三世是指這期生命結束以後，來生、再來生以後的無窮來生所接受到的一切。

如果僅僅講現在生的三世，是沒有辦法講得合理的。有的人做了很多的善事，積很多的陰德，可是沒有親生的兒子來繼承其遺產；有的人出生於窮苦的家庭，甚至有一雙為非作歹的父母，他自己卻是社會佼佼者，乃至是國家的忠貞志士，這種例子很多。因此，在人間能夠大富大貴、連續數代的，很不容易。以其興衰之間，似有因果，然非定則。如果把因果觀念延伸到過去三世及未來三世，對現在所遭遇到任何不幸，都不會怨天尤人；對於現在所得的成就和幸運，也不會覺得驕傲和炫耀。遇到倒楣不如意的事會心平氣和；遇到平步青雲，一帆風順的時候，仍會虛懷若谷、謹慎小心。只要時時努力，不必擔憂未來的前途。如果你現在不求努力改進，因循怠惰，既來的惡運不易除；已有的好運不會久，壞的會更壞，好的不會再來。若對今生所有的遭遇，平心靜氣地接受它，且繼續不斷地改善它，一定會有無限光明的前途，就在前面等待著我們；不僅僅是天堂或極樂世界，最後還能成佛。就如同我們將一分一毫的小錢，慢慢地存起來，日積月累，到最後甚至於可開一間銀行。所以我們的功德智慧都是從日常生活之中，隨時隨地、點點滴滴地逐漸累積起來，最後功德圓滿就成佛了。

相反地，因與果也不是必然的，剛才我們提到的「種瓜得瓜，種豆得豆」，實則種瓜不一定得瓜，種豆也不一定得豆。記得我在日本求學時，曾遇到一位大居士給我一筆錢。我問他：「你是不是要我替你做什麼？」他說：「因為我在求學的時代很窮，靠別人的資助才完成學業。如今我有了力量，也以同樣的心態來贊助別人求學。」這種情形叫「同類因得同類果」，因為前人對他怎麼做，他對後人也怎麼做。當時我告訴他：「我是和尚，不可能很富有，將來大概無法以財力幫助他人。」他說：「法師，你將來並不是以錢布施，而是以佛法做布施，以修行去化世。」這是「同類因得異類果」。

如果助人不求回報，不懷任何目的，是種有漏的因，得無漏的果。什麼是有漏、無漏呢？我幫助人，而別人真正得到物質上、精神上的利益，將來他們也會給我回饋，來幫助我；這好像是做投資生意，種何因得何果，這是世間法，是有漏的。如果不求果報，那便做了善事而不以為有善事可做，雖度一切眾生而實無一眾生得度。這種情形對眾生而言，是有的，是種有為因得無為果；對佛菩薩來說，是既未種因也不得果，名為無漏因與無漏果。

有因不一定有果。如果我們將任何一粒種子放在倉庫裡，不去理會它，它是永遠都不會發芽的。若種因以後，不加以培植、照顧和保護，那麼這個因等於沒種；甚至將稻種存放數年後，再去播種，發芽的比例便會減少；光播種而不給予陽光、空氣、水及肥料等外緣，也難有結果可見。所以我們曾做過的好事，也必須繼續不斷地培養它，才能結成善果；若不加悉心地照料，而任其枯萎，是非常可惜的事。

反過來說，做惡事也不一定有惡報。很多人自認為業障深重，想學佛很難，更何況了生死，因此，乾脆不學佛不修行，這就錯了。佛經裡有一段比喻說：麻園裡有很多的草子，草子會發芽長出草來，但由於麻很高大，草雖長出來，但得不到足夠的陽光及露水滋潤，不久，也就慢慢枯萎了。同樣地，我們雖然有業障，若能不斷地修行，且在修行的過程，業障也必然會起現行，可是，由於不再造惡業，且不斷地增強修行的力量，慢慢地也能將重罪轉為輕報；本來應該被砍頭的，因為修行的關係，結果被竹竿或樹枝打一下就算了；或者造了地獄因，當受地獄報，卻因修行很努力，結果害了一場重病就抵償光了。

再舉個例子：我在美國的道場，後院雜草叢生，拔不勝拔，真是「野火燒不盡，春風吹又生」。我有一位洋弟子為了曬坐墊，將一塊三夾板平放在院子裡，結果他忘記將板子收回，一直放了三個月後我回美國時，才叫他收回。當他將板子拿起來時，發現木板下寸草不生，連草根草種子，都腐爛光了，而木板外四周是雜草成堆。淨土法門說帶業往生，生到極樂世界以後，等到花開見佛之時，業障也就消掉了。我們有很多的業障，只要至誠懇切地念阿彌陀佛聖號，定能生西方，到西方極樂世界以後，那些業障就沒有機會萌芽受報，慢慢地業的力量也就消失殆盡。

因此，種因不一定結果。但要想讓已種的因不結果，有二種方法：1.種善因而不繼續努力，因就不會結果。2.種惡因卻繼續不斷地努力修行，則惡因也不會結果。所以講因緣一定要講果報，講果報不一定是決定性的，如果是絕對的，那麼眾生就無法成佛了。但是在凡夫地，是沒辦法逃避因果，唯有努力不懈地學佛修行，才有辦法離開因果報應。一般人怕閻王、怕死、怕下地獄，閻王是真的存在，是我們自己所造的業所招感來的。因此，閻王是緣，不是因，我們不造因則閻王奈何不了我們的；我們造了業，就是沒有閻王，也會跑出一個來。諸位，我們如果站在緣的立場，那麼我們就不會造罪因，為什麼呢？因為「無我」。一切的一切都是為別人幸福，如此還會有我嗎？所以，要做緣，不要做因，我們要不怕業果，就怕自己不能不造業因。

（一九八五年四月二十三日講於北投農禪寺）

大與小

有一次，我和一位居士同乘一輛車，遇到紅燈，車停下來，一個賣玉蘭花的先生馬上將花送進窗口，看到我說：「師父！玉蘭花，很便宜！」並對著那位居士說：「哥！爺！買玉蘭花！」他看看司機又說：「伯！買玉蘭花！很香！」他叫得很熱絡，好像車子裡的人都和他有關係，我們不好意思，便買了一串。他如果不是希望我們買他的玉蘭花，大概不會叫哥、爺、伯的。

人都喜歡聽恭維的話，喜歡被人稱為長輩或長官，表示受到大眾的尊敬，基於此理，當我們有求於人的時候，在稱呼上，就特別甜膩。不過，也不見得所有的人都喜歡被叫老、叫大了。有一次，我在美國遇到一位頭髮花白的婦人，我稱呼她某某太太，就被她發了一頓脾氣：「什麼太太！我還沒結婚呢！」我好難過，覺得對不起她，人家沒結婚，怎麼叫人家太太呢？從此學乖了，見了不管多老的美國婦人，都稱她小姐，這樣至少不會挨罵！如果叫錯了，她也會摀著嘴笑，心想：「這麼老了還有人稱我小姐。」這是多麼虛榮啊！

有一位居士曾告訴我，某寺有一位老和尚，常常懷疑自己到底是師父還是徒弟。他的徒弟聰明能幹，青出於藍，每遇到有重要客人來，徒弟就對著他喊：「嗨！過來！今天有客人，多加兩道菜。」師父一邊下廚做菜一邊想：「究竟我是師父，還是徒弟？想想我還是師父，有這樣能幹的徒弟，信徒不需要我招呼，房子漏水不需要我操心，廟裡的人多了，也都是他在管的，這不是很安慰嗎？」雖然有些信徒多管閒事為老和尚抱不平：「你徒弟怎麼用這種態度對你？」老和尚卻笑笑說：「這是我的福氣啊，否則我要非常辛苦了！」

這麼說來，究竟是誰大誰小呢？俗話說：「要得人緣好，只有老做小。」蔣經國先生已經位居全國最高領袖了，他見到人，都稱先生、女士，對他的部下，也都以某某兄相稱，表現出一種禮賢下士的美德。通常一個人，能謙下的話必能敬上，謙下者將受到部屬的愛戴與擁護；敬上者，也會獲得長輩的提攜與呵護。因為我們個人的才智和能力是非常有限的，若少了他人的協助和支持，即使得志於一時，也不能成大業於長久。一些人，儘管自居於卑下，卻往往被推舉而登於尊位，倒是那些自居高傲的，到頭來反被摒棄而流於蹇途了。

一、時空的超越

曾有一位中醫師問我：「宇宙有多大？人的壽命有多長？」他說他見到一本書上描寫，宇宙是有限的，而科學家們認為，宇宙正在迅速膨脹，往外延伸，拓展到最後極限時，宇宙就毀滅了。他又看到另一本書上說，人類無法使得身體達到完全健康的目的，因為人的肉體無法脫離磁力線的控制，整個宇宙就是一個大磁場，控制著所有一切東西的活動，怎麼努力，用任何方法，也仍無法超出磁力線的控制之內，所以有生者必將死。因此，他希望能從醫學的理論上尋求突破，使人類能夠免於死亡。

他是如此地熱心，我只好為他祝福，希望他成功。但經過一陣深思之後，他又失望地告訴我說：「大概辦不到！」因為佛說諸行無常，宇宙間不論哪一種現象，無一是能夠永恆不變的；的確是如此，但其以因緣的聚散而成的生滅變遷，則可說是無限的。

宇宙是什麼？就是時間加上空間。從事物的移位變動，知有空間；從事物現象的延續、速度，知有時間。人類所知的時間、空間既然有限，因此，宇宙一定是有限的。如何能夠超越時空？只有修行一途。當我們肉體的生命和精神的生命，沒有執著，不占時間與空間的位置時，就超越了。不占時空的位置，那究竟在哪裡？那時你既沒有離開時間與空間，但也不受時間與空間的限制。

從以上所舉的例子知道，所謂大、小，有兩種意思：一類是輩分、地位的大小；一類是在空間中所占位置的大小。

二、將心待悟

先談前者。人往高處爬，水向低處流，人人都希望受到別人的敬重，希望能爬上最崇高的地位。在古代，便以揚名聲顯父母、衣錦還鄉光宗耀祖，為努力的最高目標。現在人也一樣希望能夠功成名就，揚名立萬。正所謂：「三代以上唯恐好名，三代以下唯恐不好名。」

實至名歸，正是鼓勵人們向上奮鬥的力量。可是這也會引起人和人之間的摩擦，以及自己內心的衝突。因為不甘長久居於輩分小、職位低、權力弱，所謂「人微言輕」；上焉者固可因此而奮發圖強，力爭上游，若是福報夠的話，也可能一帆風順，魚躍龍門，若福報差的，就不免會有懷才莫遇之嘆！甚至自己本來是平庸之輩，卻不甘寂寞，時時刻刻覺得受到委屈，怨天尤人，結果弄得一生苦惱。

就拿出家人來說，已經能放下名利物欲和親情的牽掛，對於道業的精進卻還是放不下。修行一段時間之後，往往感覺自己的進步太少，或沒有進步，心裡就不自在了，這種心態稱為待悟或求悟。

通常因為他自視為利根上智之人，所以缺乏耐心，冀望疾速成就。就像嬰兒剛一出生，就想在世運會上得十項全能的金牌，怎麼可能呢？禪宗雖有六祖惠能那樣初聞佛法即能頓悟的人，可惜這種例子太少。倒是有許多祖師，修行數十年，沒有聞到一點悟的消息，卻仍耐心踏實地繼續修行。

修行人不能老是求新奇，要安心於每一剎那的現在，只要繼續不斷地努力於現在，自然而然地會新、會進步。每一念的滑過，它已經是在向新的歷程中邁進。一味空想追求新境界、大突破，就像懶人不肯張口，卻希望能填飽肚子；不肯努力工作，卻希望獲取大筆工資，這是顛倒因果、癡心妄想的事。

有位臺大的學生，來參加禪訓的助手訓練，他上了一堂課後，第二天一早跑來告訴我，他不想參加了，因為他想追求大成就；即使受訓完畢，他也沒有時間來參加護七或有關禪的活動了，他要以更多的時間好好修行，希望像虛雲老和尚、來果禪師那樣早得開悟。這樣的願心很好，學佛修行，我不僅希望他能成為像虛雲老和尚那樣的祖師大德，且還說願他早日成佛哩！但是要成為虛雲老和尚並非一蹴可即的，虛雲老和尚怎麼修行的？看他的年譜，他常說：「我是個業障重的人，是個凡夫，是一個苦惱人，是個沒有修行的人！」這是從修行之中得到真正的智慧。

煮飯掃廁所我去！搬柴挑水我去！辛苦而無人注目的事我去！要自知苦惱，才會不拒苦事；要自知福薄，才會惜福種福；自知不會修行，才會虛心學習，念茲在茲。如果自己覺得自己有大善根、有大福報、有大智慧、有大修行，能有進步嗎？如果自以為是傑出祖師的材料，還能過平淡的修道生活嗎？因此，修道人，若勇猛修行而求疾速成就，或略有修行而以利根上智自居，這都是在苦惱之中。

三、水漲船高

最安全的心態，你應該自認為是諸佛菩薩所護念的幸運者，並且雖然是個苦惱人，也能夠盡自己所學得的一點佛法，分享傳播給其他的人。有的人認為自己修行還沒有成就，不能度化人，因此，前天還有弟子對我這麼說：「師父！像我這樣的人在寺院裡，白白浪費信徒的布施，終日修行，依舊煩惱重重，將來怎麼得了，豈不要披毛戴角還了嗎？」我告訴他：「阿彌陀佛！我們是在煩惱中，所以需要修行，一邊自己修行，也在幫人修行；如果已經斷盡了煩惱，你不一定要住進寺院來。我現在為人的師父，可是我也有煩惱及業障啊！只因懷有一份報答三寶恩的熱忱，仗佛光明，來弘揚佛法。每次打完禪七，我都真誠地感謝一切因緣，這叫水漲船高，我成就諸位修行，實則諸位也成就了我。為了報答諸位，所以要照顧諸位。」

我們知道，有好的師父不一定有好的弟子。我常比喻，蠟燭台下是黑暗的。近代的太虛大師座下有沒有像太虛大師那樣的人？目前臺灣的印順法師座下有否如印順法師那樣的人？廣欽老和尚座下有否如廣欽老和尚那樣的人？沒有！可是我的徒弟之中，就有一人說過：「師父！我將來要超過您！」道理是對的，要一代強過一代！百丈禪師就曾對黃檗禪師說過：「見與師齊，減師半德；智過於師，方堪傳授。」但這是師父對弟子講的話，是師父的印可；若是由弟子自吹自擂，表示他跟師父都有了勝負心，這還能修道得道嗎？

不過好的師父座下，也很可能有好的弟子，像六祖惠能、馬祖道一、天台智者乃至大慧宗杲等大師的座下就有許多傑出的弟子。例如，天台智者大師座下，如果沒有像灌頂尊者章安大師那樣的弟子，天台宗也許便不會留下天台三大部和五小部這般不朽之作了。因為弟子的程度高，師父就盡量將佛法向深處、向細密處演繹；雖然智者大師自稱「我不領眾，必淨六根」，則修行的成就會更高，這是他自己的說法。確實，如果他從頭到尾都是一個人修行，也許成就會更高，但今天恐怕也不會有天台宗，更不會有天台宗的三大部、五小部了。又西藏的宗喀巴大師，就是因為有幾位傑出的弟子，所以能將整個的西藏佛教，不論在教理或在修行方面，鋪陳敷演、組織嚴密地寫出來。如果沒有高明的弟子，師父說法給誰聽？沒有人懂，又何必說？釋迦佛說《華嚴》大經，是因為有初地以上的法身大士為聽眾，為大菩薩而說的大法。因為成就眾生，所以有佛法的流傳；因為成就弟子，同時也成就了自己。

四、閉關的條件

近世中國佛教所以會衰微的原因，可以分成兩類：一是信佛、學佛而不知佛法為何，所以只能做人情應酬、世諦流布的活計。二是因為佛教徒們既不知修行的層次和依序而修的方法，卻都希望即身得大成就，急於個人的盲修，急於完成自我；看來精進感人，實則自私消極，以致傳播正法的工作，乏人問津。

有人一出家就跟我說：「師父！您過去閉關，我能不能閉關？」我說：「你能！但不是現在！」「師父！您三十一歲閉關！我三十一歲也要閉關！」我說：「那就不一定了，閉關要有閉關的條件：第一，你準備在關中做什麼？如何安頓你的身心？閱藏？還是修定？若閱藏則如何閱？若修定，不論禪、淨，你已知如法修持嗎？第二，有誰為你做外護？生活上、環境上你已有這些福緣嗎？否則你要師父給你送水送飯做侍者，總說不過去吧！」如果不具備第一個條件，你在關中要不就覺得度日如年，要不便是無所事事虛耗光陰，那又閉關做什麼？如果不具備第二個條件，你必須到處奔走，求人資助，結果反而更增煩惱，弄得在關中經常為人誦經消災，那又何苦來哉！

所以我經常告誡正在用功的人：不能想到成果，不能不自量力，不要想到要突破自己目前的狀況。既不可跟他人及古人比高下，也不可跟自己的以往比得失和大小，只要下定決心、選定方法，落實到平常生活之中；處處攝心、念念檢點，繼續往前走就是最好的了。當然，如果可能，由福德智慧的大德，發心成就並指導後進者做定期的閉關修持，也是十分必要的。

五、一粒微塵

另一類的大小，是講在空間所占位置的大小。

我們在禪七中偶爾會用一種修「地觀」的方法，那就是一邊拜倒在地面上，一邊觀想：看看自己的身體有多大？地的體積有多大？跟整個大地相比，會發覺自己是多麼地渺小。人，就是這麼小的一個生命，從整個地球表面的面積作比例，你不過像一個蠕動著的很小、很小的細菌。你生於此而又將死於此，不僅不能脫離地球，也不能深入地球的內層或遍歷地球的表面。

但在平常的意識型態中，每個人都幻想著以為自己很巨大，很少有人覺得自己很渺小。特別是趾高氣昂的年輕人，那些自以為能征服天下、叱咤風雲的英雄豪傑，以及各行各業之中雄心勃勃的佼佼者，他們以為自己是能與天比高低、與地比大小的；其實他們所比的，僅是可憐的同類而已，雖常走在人前，坐在人上，終究要消失於大地，成為大地的一小撮微塵。所以，不作地觀，很難發覺自己原來是這麼愚癡而渺小。

在地球上修地觀，人就很渺小了，再作宇宙觀，地球於宇宙中，不也只是一粒微塵而已。了解到這一層，就會有自知之明，自能量力，知道自己不可能是個偉大的人，就算全世界的人都公認你偉大，又能大到哪裡去呢？人若能自知渺小，道心就會生出來。自知所知有限，所占位置有限，所擁有的時間有限，既然如此有限，還有什麼丟不開、放不下呢？能有這樣的感覺，你就會虛懷若谷，謙下敬上，敦睦朋友，就會和道相應。

像我們剛才所講的那個賣玉蘭花的，如果他逢人不呼哥、爺、伯，而叫小老弟、蠢傢伙、老頭兒等，不但玉蘭花賣不出去，恐怕要挨罵、挨揍了。若人人如此，弄得暴戾之氣瀰漫，人間還有安寧可言嗎？

因此，我們不必定要在人我曲直之間論高下，比大小，爭長短；應在道心上多努力，長養慈悲心，顯露智慧心，才是真正可大可久的豐功偉業。慈悲心是不問族類、怨親平等，所以是廣大無邊；而智慧心是無我的空性，所以等虛空、遍法界，無窮無盡，然而這些都是要從平實的修行中開發出來的。

至於修行，必須配合自己既有的福德和智慧，也就是善根；善根的因緣不足，便不可能得到好環境、遇到好老師。但話說回來，所謂善根福德具足，主要是指能轉逆境為助緣，使得處處是道場、人人是貴人，壞環境也成為好環境，都是成就道業的資糧，如此才是真善根。若雖逢善緣順境卻不知珍惜，這反是薄福的愚人了。因此對於既有的一切，要以感恩的心情來接受，以安住於現實生活環境為基礎，老實踏實地修行，所謂「行遠必自邇，登高必自卑」。蘭生幽谷，不求名聞而自有名；蓮出汙泥，不拒穢臭而自芳香。修道人當以此互勉。

（一九八三年四月十七日北投農禪寺禪坐會開示）

有與無

我們的身心世界，是「有」還是「無」？在禪宗典籍中所見的觀點，頗饒趣味，有時講有，有時講無。

例如六祖慧能初見五祖弘忍，五祖問他：「汝自何來？」他說：「嶺南。」五祖問：「欲須何事？」他說：「唯求作佛。」五祖譏諷他是嶺南的獦獠（野蠻人），沒有佛性，怎能做得了佛？他卻據理力辯：「人即有南北，佛性豈然？」這一對話，見於《景德傳燈錄》卷三「弘忍」條，《六祖壇經》第一品也有類此記載。本來，眾生皆有佛性之說，見於《如來藏經》及《大般泥洹經》卷四、《大般涅槃經》卷八、卷二十七、《佛性論》卷一、《寶性論》卷四等。所以，禪宗修行，目的即在明白自己清淨的涅槃妙心，發見與佛同體的本源佛性。《景德傳燈錄》卷五的「慧能」條，介紹惠能的思想時也說：「我今說法，猶如時雨，溥潤大地，汝等佛性，譬諸種子，遇茲霑洽，悉得發生。承吾旨者，決獲菩提；依吾行者，定證妙果。」從根本而言，眾生皆有「佛性」；眾生煩惱可由修行而獲智慧的「菩提」，眾生可從修行的善因，獲得解脫自在的「妙果」，這些都是講「有」。

可是，禪宗在修行的方法上，特別重視「無」字。例如菩提達摩的〈二入四行〉所講的「理入」有云：「無自他，凡聖等一，堅住不移，更不隨於言教，此即與真理冥狀；無有分別，寂然無，名之理入。」此乃謂能夠「無」執著，始得悟入「理」體。

又如《六祖壇經》的〈定慧品〉中有云：「我此法門，從上以來，先立無念為宗，無相為體，無住為本。」「無念者，於念而無念。」「無相者，於相而離相。」「無住者，……於諸法上，念念不住，即無縛也。」六祖弟子荷澤神會的〈顯宗記〉對此有所解釋：「無念念者，即念真如；無生（相）生（相）者，即生實相；無住而住，常住涅槃。」此意是，無念真如，無相便為實相，無住乃是涅槃。無是無去虛妄的世法，無去了虛妄的世法，即顯真實的、不動的、普遍的、永恆的佛法。可知禪宗講「無」，只是修行的方便；至於講「有」，才是目的。

唯與世間凡夫所執虛妄的有及頑空的無不同，世間所說的有，是臨時的暫有；所說的空，是一時的幻滅。禪宗的無，是對於世相的情執要無；禪宗的有，是肯定一切眾生皆具有常住不變的佛性。

因此，《六祖壇經．般若品》有云：「凡夫即佛，煩惱即菩提。前念迷即凡夫，後念悟即佛；前念著境即煩惱，後念離境即菩提。」佛性是不變的。在凡夫時，由於種種的執著，心不開明，不見佛性，故稱為煩惱；無有執著，心地清明，佛性自現，不起煩惱，故稱為菩提。所以同一佛性，由於凡聖異趣，所見亦成霄壤；在凡名煩惱，在佛即菩提。那怎麼辦呢？《六祖壇經．般若品》告訴我們說：「菩提般若之智，世人本自有之，只緣心迷，不能自悟，須假大善知識，示導見性。」凡夫愚癡，不明佛性常住，若無人開導，則殊難自悟；唯有生於無有佛法住世的時期，根器特利、特深的人，能成為獨覺或緣覺的聖者之外，一般眾生，必須由於大善知識的開示佛法，使之自信本有佛性，依法修行，自證菩提，獲得勝妙佛果。

禪宗說「無」，既是修行的方便，弘忍說嶺南人無佛性，也是接引初學者的方便。後來，六祖惠能大師的第四代孫，趙州從諗，也用了弘忍的手法。《五燈會元》卷四，有僧問趙州：「狗子還有佛性也無？」趙州曰：「無。」僧云：「上至諸佛，下至螻蟻，皆有佛性，狗子為什麼卻無？」趙州曰：「為伊有業識在。」弘忍說獦獠無佛性，目的在試探惠能對於學佛的自信心，如果不能堅信自己堪以做佛，便不能接受禪法的訓練。從諗說狗子無佛性，是為破除問者的執著，以為一切眾生皆有佛性，此一執著，會讓人誤入倒果為因的歧途，認為眾生本來是佛，不假修行，佛性現成，所以點出「業識」兩字。既有業識，便是眾生，未見佛性；既未親見佛性，而且未聞佛性之為何物，有亦等於沒有。後來到了南宋理宗的紹定二年（西元一二二九年），佑慈寺的慧開，集佛祖機緣四十八則，名為《無門關》，第一則便是趙州狗子無佛性。較慧開略早的大慧宗杲（西元一〇八九—一一六三年），也常以趙州狗子無佛性的話頭示人。元朝的中峰明本（西元一二六三—一三二三年）及明末的無異元來（西元一五七五—一六三〇年）亦常以狗子無佛性或「無」字示人。今日的日本，教用「無」字話頭的禪師，亦很普遍。「無」字話頭的參法是：「趙州為什麼說個無字？」或者乾脆問：「什麼是無？」乃至單參一個「無？」不可用理論去解釋，不得給它找答案，要它自己爆出答案來。可知用趙州的無字話頭，還是修行的方法。

四祖道信的弟子，牛頭法融的〈心銘〉之中，用到「無」字的地方特別多，例如：「本無一法，誰論熏鍊；往返無端，追尋不見。」「欲得心淨，無心用功；縱橫無照，最為微妙；知法無知，無知知要。」「至理無詮，非解非纏。」「目前無物，無物宛然。」「三世無物，無心無佛；眾生無心，依無心出。」「實無一物，妙智獨存。」「一切莫顧，安心無處；無處安心，虛明自露。」「無為無得，依無自出。」「知生無生，現前常住。」其中所說的「無」，都是著眼於情執、取捨、分別意識的擺脫。但此無的目的，乃在於有，有「用功」、「微妙」之「知」，「宛然」的「至理」、「獨存」的「妙智」，佛性或真心的「虛明自露」及「現前常住」。可見，禪宗的「無」是手段，「有」才是目的。

另外，禪宗的「有」，絕不在自心之外，別處可求，非如外道，向心外的環境（自然）求道，或向身外的神格求道。例如大珠慧海初參馬祖道一，馬祖問曰：「來此擬須何事？」慧海說：「來求佛法。」祖曰：「自家寶藏不顧，拋家散走作什麼？我這裏一物也無，求什麼佛法？」慧海問：「阿哪個是慧海自家寶藏？」祖曰：「即今問我者，是汝寶藏，一切具足，更無欠少，使用自在，何假向外求覓？」慧海即於言下自識本心，不由覺知，踴躍禮謝。禪法不假傳授，若有一物或一法可以傳授，即非心地法門，而是仰仗他力的鬼神伎倆。故在宋朝的大慧宗杲時代，已見到有禪門師徒的授受之際，必燃臂香以表不妄付法，宗杲便以為：「禪有傳授，豈佛祖自證自悟之法？」（《指月錄》卷三十一），明末的漢月法藏，於其《五宗原》中，也特別提出此點。

然而在接應學者之際，或在考驗學者之時，禪師說有說無，都是方法；應人、應時而對同一事物，可說有，也可說無，作用則完全一樣，同在擊破學者的偏執。

例如《景德傳燈錄》卷七，介紹馬祖的弟子惟寬，有僧問他：「狗子還有佛性否？」他說：「有。」僧又問：「和尚您還有佛性否？」他說：「我無。」僧云：「一切眾生皆有佛性，和尚因何獨無？」他說：「我非一切眾生。」僧問：「是佛否？」他說：「不是佛，亦不是物。故云不可思議。」這則公案的發生，早於趙州的「狗子無佛性」。意謂在眾生而言，既有眾生也有佛，當然是有佛性的；若就徹悟的人而言，既入不可思議境界，還用得著佛性等的名目嗎？

又如《景德傳燈錄》卷七，所錄馬祖的另一位弟子西堂智藏，說有一位俗士問智藏：「有天堂地獄否？」智藏答：「有。」問：「有佛法僧寶否？」曰：

「有。」更問數問，智藏盡答「有」。俗士覺得奇怪，認為這不是禪師應有的觀點，所以說：「和尚您這麼道，莫非錯了吧？」智藏知他從牛頭系的徑山道欽（西元七一四—七九二年）那兒來，便反問：「徑山和尚怎麼說的呢？」俗士說：「他道一切總無。」智藏又問：「汝有妻否？」曰：「有。」問：「徑山和尚有妻否？」曰：「無。」智藏便說：「對了，徑山和尚道無即得，汝則不然。」此意是說，無執著人，當然一切皆無；有執著人說無，便成因果顛倒，自欺欺人！

尚有一則馬祖弟子大梅法常的公案，也見於《景德傳燈錄》卷七，記述馬祖為了考驗法常，聽說他開法於大梅山，便派一僧前往，並教他如何試探法常。僧問法常：「和尚見馬師，得個什麼，便住此山？」法常云：「馬師向我道：『即心即佛』，我便向這裏住。」僧云：「馬師近日佛法又別。」問：「作麼生別？」僧云：「近日又道『非心非佛』。」法常云：「這老漢惑亂人，未有了日。任汝非心非佛，我只管即心即佛。」僧將此回稟馬祖，馬祖宣告：「大眾，梅子熟也。」這則公案，是說明大梅法常，因聞馬祖說「即心即佛」而悟，自心就是佛，不假外求，是確切真實的「有」，他是因知有而得悟。嗣後又告訴他「非心非佛」，對於悟後的人，有與無，都是一樣，都是戲論，不必計較。但他是從「有」悟入的，不會懷疑他用錯了方法進錯了門。馬祖故意試他，他已知道了，豈能以馬祖另種手段，動搖了他的信念。

以禪的本身而言，既不講有，也不講無，禪是離言語思想的。說有說無，可以是應機的方便，如果執有執無，即成邊見而不是禪。禪於應機之時，說有說無，但視當時的情況而定，可能說有，也可能說無，或者說有說無乃至未發言時，通通吃棒挨喝。

以上是從禪的修證，談有與無。現另從一般生活的角度，談有與無。

有與無，應有程度的不同。例如說「有錢」，富甲天下的大財主，與僅有一個裝著小額硬幣的小撲滿的小孩，都可自稱為有錢，但兩者的懸殊太大。有人擁有千萬財產，身上卻不帶分文現款，有人身上一文不名而流落街頭，兩者身上都沒有錢，他們的情況，卻是完全不同。乞丐因為窮，所以沿街乞討，沙門比丘則因為佛戒規定不得儲存錢財，所以沿門托缽；前者窮得貧乏而痛苦，乞討時充滿了貪心，後者窮得滿足而愉快，乞討時則為與施主結善緣，幫施主種善根，兩者也完全不同。

有與無，應該是有時間性的。例如俗語說：「富不過三代，窮不過三代。」王朝有興亡，潮水有漲落，波浪有起伏，花朵有開謝，集會有聚散。祖先的貧富與子孫之間，並無一定的關係；同一個人的一生之中，貧富貴賤也沒有準則。寒門出貴人，富家出敗子，世所常見。佛陀曾說：「財物為五家共有，那就是水、火、盜賊、惡王（暴政）、敗家子。」今日社會雖已有了保險制度的水險、火險、盜險，但還沒有暴政險及敗家子險。可見，財物既不能永遠被你擁有，便非真有，既非完全沒有，故非空無；只是經常在有無之間不斷地變化而已。身外之物如此，我們的身體，亦復如此。父母生我們之前，沒有現在這個身體，當我們死了之後，此身體回歸於地、水、火、風的四大；即使活著的時候，五十歲時看二十歲時自己的照片，覺得記憶猶新，當然認識，若無意中遇到闊別了三十年的親友，確有似曾相識而又不敢相認的感覺了。昔日英氣煥發的青年，換成了今日滄桑滿面的老人。身體如此，被稱為精神的心，亦不例外。常人所謂的心，不過是由無數個片段的念頭或思想，不斷地前念起後念滅，所聯繫而成的幻相的活動。既是起滅不已，就不是真有恆有，然其確實是在活動，故亦不能說是空無。

我們普通的人，便是生存於這種既不能掌握住「有」，也無法停留於「無」的狀況下。最好的辦法，乃是面對「非無」而努力不懈，明知「非有」而不執著，便可成為積極進取而又不計得失的人了。

前幾天有一位居士來看我，他告訴我說：「我遇到了一位高人，他說現在的我是假的，本來的我像媽祖身旁的千里眼或順風耳的那種樣子。」我說：那位高人所說，我不能說是對，也不說是錯。要說假，現在的你是假，那位高人所見你的前世身，也是假；要說前世身是真，此身也是真，因為都是你自己所有，現在的你仍攜帶著前世的你。一般的宗教師或修道者之中，有些人會有異於常人的感應力，或者藉著符咒力及神鬼的附著力，具有第三隻眼的本事，能夠見到自己及他人的過去世及未來世。他們所見，只是我們心中業力及種識力的反映。天台宗說「一念三千」，就是我們現在目前一念之中，即含有過去、未來及現在的一切因緣果法，從地獄以至成佛的十法界的力量，都積聚於現在當下的一念之中。具有第三隻眼能力的人，就是從你現在的念頭中，觀察到你的過去和未來；依其第三眼能力的強弱，可見到你前後一生乃至無量生，若僅見你前一生，那就顯得很幼稚了。通常，觀察近期的過去，比較正確，觀察未來，則因尚有善惡因緣的造作變化，所以很難正確。修道人追求他人的過去，已是過去的事實，於現實的幫助不多，若預言他人的未來，可能被人視為胡說，那又何必要說呢？

在第二次世界大戰的中國抗日期間，有一架日本軍用飛機，在上海跑馬場附近的市區街道上，丟了一個炸彈，炸死了許多人，後來在入夜之際，常有人見到一些被炸得七瘡八孔、血肉模糊的幽靈，在那附近遊蕩。這就是當他們被炸死時的強烈印象，留在受難者的心中，且於死後繫念不忘，讓人看見的，也就是那副慘狀了。

上面所講的心或念，在英文來說，既是mind，心理上的活動，也是spirit，精神上的活動。第六意識的表現是心理的，潛在的我執屬於精神的層面。物質的肉體加上心念，便是活生生的人，當心理活動及物質的肉體停止生機功能之時，精神的潛在我執，依然存在。這就是使得唯物論者的生理學者及心理學者們，無法了解生命之奧祕的主要原因。

曾有一位國防醫學院出身的執業醫師，告訴我說：「有些病例，從醫學上無法證明其死亡，事實上卻已是死人；有些病例，從醫學上判斷，已經是死亡了的，結果卻沒有死——有的人死亡了數小時乃至一兩天之後竟又復活了；甚至尚有被醫學證明死亡，並且已被埋葬的人，也有復活過來的案例。」類此在醫學上無法理解的現象，只能承認除了物質的肉體，一定另有精神體的存在，那使得生命成為不可知的奧祕。

果真有個永恆不變的精神體嗎？這又是一個大問題。最近有一位好心的居士，送給我一本譯自英文的書《靈界的訊息》（*The Seth Material*）。書中講述一個曾經活過六次人生而自稱叫塞斯（Seth）的靈體，於一九六三年開始，借一位美國太太 **Jane Roberts**（一位作家）的身體，做為靈媒，經常乘載於這位女士的意識波上，發表他的靈界消息。這本書在美國也很風行。塞斯對古代歷史乃至史前史都知道，對現代知識也不外行，因為在他的世界中，沒有時間的過去、現在和未來。

像這樣的例子，這個叫作塞斯的靈體，應該就是永恆不變的精神體了？不，連他自己也說是經常在變的，只是他以為他將是永恆的（所以他的第二本書，書名是《靈魂永生》〔*Seth Speaks*〕）。從佛法的觀點而言，他所以為的永恆，也僅是他自以為如此的幻覺妄想。雖然在鬼神界的靈體之中，有些自知藉靈媒而活躍於人間的時間，不會長久，他們自身則亦不知有多長的壽命，因與人類的壽命比較，他們幾乎已是不會死亡；其實當他們在靈界的報盡之時，便會突然消失，而進入另次投生的階段中去了。像塞斯的這種靈體，依佛法言，屬於欲界的天仙或福德的鬼神，這種靈體，有其一定的力量。由於人類是物質體與精神體的組合，鬼神不能離開物質而對人類有所表現；恰好在人類之中，有些人的身心狀況，適合跟有緣的靈體結合而成為靈媒，或者藉人為的運作，通過扶乩等的行為，給人間傳遞消息。這一類的靈體，往往可直接運用在場的人，或過去他人的知識經驗為工具，而不必經過蓄意學習的階段，那就是佛經中說鬼神亦有報得（自其所修福報）的神通之故。因此，塞斯具備現代知識，便不足為奇了，扶乩能出現古體詩文，也是說得通的事了。

鬼神或精神的靈體，必藉物體為媒介，始能與人交通，如果人的心中存有物相，或者人的心被特定的物相占有之時，即會被靈體及有第三隻眼的人覷見。如果你能以修行的方法，忘掉了你的身體及處身的環境，心中既無物相及事相，任何靈體便找不到你了；當你重新恢復時間的流動、空間的範圍之時，有緣的靈體馬上又會發現你。因此，不論精神與物質，只要心動即是有，心定便是無；境由心起，心滅境無。

最後，舉兩則禪宗的例子做為結束：

（一）大耳三藏的他心通：唐肅宗時代，慧忠禪師被拜為國師。時有西天大耳三藏到京都，說他有他心通，肅宗帝令國師相驗。國師問三藏：「得他心通耶？」對曰：「不敢。」師問：「汝道老僧即今在什麼處？」曰：「和尚是一國之師，何得卻去西川看競渡？」師再問：「即今又在什麼處？」曰：「和尚是一國之師，何得卻在天津橋上看弄猢猻？」師第三問語亦同前，三藏良久，罔知國師去處。師叱曰：「這野狐精，他心通在什麼處？」三藏無對。（《景德傳燈錄》卷五）

（二）天神送食：晚唐時代的雲居道膺禪師，結庵於三峰期間，好多日子未進齋堂，洞山良价禪師問他何故？雲居說：「每日自有天神送食。」洞山罵了他一頓，並教他參：「不思善、不思惡，是什麼？」雲居回庵，寂然宴坐，天神自此，竟尋不見，如是三日乃絕。（《洞山良价禪師語錄》）

（一九八三年十月二日北投農禪寺禪坐會開示）

新與舊

農曆新年剛過，在年前年後，常見到和聽到兩句話：「除舊布新」和「一元復始，萬象更新」。這好像是說，舊的不好，新的才好。其實，新舊好壞，並無定則，它會因人、因時、因事而異。同一個人，對同一樣事物，也會有時喜新、有時喜舊。

一、化腐朽為神奇

有人說，新製品、新觀念、新現象，和舊製品、老觀念、老現象，是對立的，所以喜新厭舊，是人之常情。其實，新舊既是相對立，也是相傳遞的，既有因果關係，也有一體兩面的關係。例如基督教和天主教相對，是因果關係的新和舊；佛教到達西方社會，是近世紀的事，對西方原有的宗教而言，東方的古宗教，卻成了西方的新宗教。角度不同，所見的新舊，便不相同。

從新舊的因果關係而言，最明顯的例子，是一般所說的化腐朽為神奇，所謂推陳出新，所謂溫故而知新。或以舊東西做新利用，改變它的位置和形象，使成為新東西。例如，破舊的船艦，經過解體、分類、加工，便成了新產品。

中國儒家的《大學》中有言：「湯之《盤銘》曰：苟日新，日日新，又日新。」又說：「周雖舊邦，其命維新。」這都是以舊的成就為基礎，開出新而又新的新局面；是運用舊的經驗，建設新的理想，而不是摧毀舊的或揚棄舊的，才能實現新的。例如中山先生的三民主義，完全是新的政治思想，他卻又說，他是繼承堯舜禹湯文武周公孔子的一貫道統。

不過，有些事物的發生來得突然，所以看起來，無法確定它們是舊事物的新面貌。例如核子彈、原子爐、人造衛星、電腦、機器人，都是二十世紀發明的新事物。可是，不僅製造這些東西的原料，本身就是老早存在的，縱然是科技的理論和實際的運作，也是從舊環境的立足點上走下來的。

今天的時代，樣樣講求尖端、時髦、新奇，中國人在二十年前，總以為凡是西方來的，都是新的；凡是新的，便是好的，真所謂「遠來的和尚會念經」。

天主教和基督教的教會教堂，在歐美已日漸衰落和萎縮，卻於臺灣出奇地受到歡迎。二十年來，國人出國的機會多了，漸漸知道歐美宗教隨著新時代的來臨，已被社會大眾視為舊信仰而日趨式微了。因此，近年來在臺灣的西方宗教，也已由飽和狀態，而走向下坡。又因為西藏密教，對臺灣是新鮮的佛教，所以又掀起了對於西藏密教研究及信仰的狂熱。此乃由於追求新目的、新環境、新趣味，是人的求知欲和求進步的特性，是無可厚非的。

二、歷久常新

在美國，求新求變的傾向，更為明顯。這種趨向，固然為美國帶來了朝氣蓬勃的新氣象，但也暴露了美國人膚淺、輕浮、飄盪不落實的弱點，為其社會結構帶來不穩定的危機。成年以後的美國人，進入社會之後，多半會不斷地尋求新環境和新機會，來滿足他們求發展、求理想，乃至是求刺激的欲望；最不幸的，是將此求新的傾向，用在男女的婚姻上去。我有一位弟子告訴我說，在美國的年輕夫婦，結婚第六年或第七年，尤其是尚未有孩子的話，往往會有婚變的危機發生。原因不外是彼此之間的新鮮感完全沒有了，代之而起的相互挑剔、算老帳、揭瘡疤，彼此將自己的缺點暴露無遺，結果只好協議離婚。他們沒有想到，老友及老伴的可貴，骨董及古物是寶。拋掉舊伴侶，縱然找到新對象，同樣的問題，可能照樣會發生。你不是完美的人，也不可能找到完美的人，倒不如從不理想的舊伴侶相互努力，比較踏實。

在我的禪中心，也有弟子向我建議，應該常常有新的活動及新的形象，否則很難長久留下人來。我只有對他們說：「佛法歷久常新，禪法也是在舊則舊、在新則新。然在我們的修行方式而言，是無法新潮的，也不可以輕言改變和革新的。如果你們一定要我變花樣，我只好今天正常穿衣服，明天把衣服反過來穿給你們看，除此，我可沒有其他的本領了。」尚能告慰的是，紐約禪中心的成員，雖有好幾位心態不定，但他們在其他地方轉幾轉之後，甚至過了幾年，多半還會回來，可見，新的不一定就是好的。

記得在七〇年代，有一派印度教的「超覺靜坐」（Transcendental Meditation）風行美國各地，到了八〇年代之後，漸漸地便靜止了下來。倒是佛教在美國，始終以穩健的步調向前走，就是西藏密教的喇嘛們，在美國的作風，也很謹慎平實，不是到處用神通替人治病、助人發財。因為正信的佛教徒都很清楚，神奇雖能引起短暫的轟動，終究不是佛法的本色。

三、一門深入

現在，從佛法的修行上，來談新與舊。

修行，就是修正不當的、邪惡的行為，包括身心的活動。通常人若能遵守公共道德及公共秩序，便被視為循規蹈矩的公民；若能進一步，審查個人的私生活及心理活動，如果你已是開始修行的人，便會發現你是一個不道德乃至是邪惡的人了。佛法的修行，便是協助我們正確地了解自己，改善自己。如果能經常發現自己的毛病而經常予以糾正，那便是「苟日新，日日新」的賢者了。因為，能夠念念審察，念念更新，便是修行工夫的針針見血。

修行的法門，目前在國內及國際上流行的，有淨土、密教、禪宗的三類。

曾有人問我：「有人主張一門深入；有人主張淨土與密教兼修；有人主張禪和密教兼修；有人主張禪和淨土雙修。究竟是單修好？兼修好？修哪一種最好？有何不同？」

原則上，我是贊成一門深入的，兼修而成為新修，並不妥當。一般所謂兼修，必有主修及輔佐之分，或者先後不同。一門深入者，未必排斥其他法門，然其為了強調對於所修法門的信心，而特別讚歎此法門的殊勝，乃是佛經的常規。

淨土法門，被稱為橫出三界的未曾有法，要求修行者以信、願、行三個條件，往生西方淨土。著力點則在仰「信」阿彌陀佛，於因地時發過四十八願，成就眾生，成就國土；眾生雖造十惡五逆，若能乃至臨終，十念阿彌陀佛聖號，必得往生西方淨土。信後起行，行的主力即在持名念佛，同時發願往生西方。淨土行者，以信的根本，信心堅固，就會落實安定；落實安定的本身，便是幸福人生的基礎。他們不必擔心自己的身心行為如何，只要一心嚮往淨土，相信仗佛願力，必能獲得救濟。淨土有四等，他們究竟生在哪一等，一般修行淨土法門的人是不必追究的，既然仰仗佛力，已夠安全，何必追究那自己無力決定的事。

密教的理論，重視發菩提心；密教的修持，重視儀軌；密教的信念，基於上師的灌頂及本尊的加持。理論與顯教相通，修持與律儀及禪觀同軌，信仰則與淨土類似，所以密教能左右逢源。而且，西藏黃教在組織及層次方面的說明均具說服力；其他各派在咒術加持方面，能為許多求取速利及神祕效驗的人接受。高級喇嘛也多受有嚴格的訓練，特別是灌頂加持的他力信仰，與即身成佛的速成效果之說，能使人有瘦弱者獲得天降強力大補丸的誘導作用。然此僅是方便應用，實際的功德，尚在三密相應的努力修行。即身成佛，也是歷劫成佛的另一種說法，正像禪宗所謂頓悟成佛之說類似。

禪與淨土及密教，基本佛法相同，而修行方法迥異。禪的方法，不藉他力的協助，引用《維摩經》的證說「直心是道場」、「直心是淨土」。如能從心中掃除了一切攀緣境界，不論善惡淨穢，徹底放下，當下便是悟入佛之知見。否則若執心外有法，以求神拜佛，期待救濟，均屬生死法，尚不是出世法，何況是無上大法；《楞嚴經》稱之為「迷頭認影」，馬祖大師稱此為「自家寶藏不顧，拋家散走」。

佛法的修行，以福德業、禪定業、智慧業為三綱領。僅修福德業，不僅不出三界，而且最多是欲樂天報；偏重禪定，可生禪天，但仍不離三界內；偏重智慧則至少可出三界，成為小乘羅漢。定、慧並重，仍是小乘行；福、慧並行是菩薩道；福、定、慧並重，是大菩薩行。

禪的修行，依據《六祖壇經》，先發度眾生、斷煩惱、學佛法、成佛道的〈四弘誓願〉，次作無相懺悔，滅三世罪業。即云：「弟子等，從前念、今念及後念，念念不被愚迷染。」「從前念、今念及後念，念念不被憍誑染。」「從前念、今念及後念，念念不被嫉妬染。」「從前所有惡業、愚迷、憍誑、嫉妬等罪，悉皆盡懺，永不復起。」發願懺悔，是福業行；無相懺悔的念念不被煩惱染，是即定即慧的最上乘行。禪的修行既是自力，也是以息心淨念、發慧為要旨，是在直接開發自家寶藏，不是借貸他家的資金作周轉，所以是安全、可靠、實際的法門。

四、不貴行履

因此禪宗有一句口頭禪叫：「貴知見，不貴行履。」「知見」即是佛知見，即是親證實相，「行履」即是身、口二業的行為。修行之前的行為如何不重要，只要修行時努力於淨心的工夫，若得明心見性，則如偈云：「罪性本空由心造，心若滅時罪亦亡。」心已不為煩惱所染，業報罪報之事，自然消失。但得心不執著，便離生死苦海。

所以，重視慧業增上的禪法，是出生死海的靈丹妙藥。當然，若得慧心自在之後，自然不犯世戒，絕沒有一位禪師，能以「不貴行履」為理由，變成一個無賴漢的；相反地，倒是由於心地清明，慈悲自然流露，度生護生，席不暇暖，濟世利物，應機教化。「不貴行履」是重於「悟」，悟後自然有行，不是不須修行，而是強調實證。形式的瑣碎行為，是枝末問題，心悟是根本問題，若解決了根本問題，枝末問題當然也被解決了。

人要做到念念不與煩惱心相應的程度，必得付出艱苦修行的代價。人在艱苦修行之時，常會生起「喜新厭舊」、「喜舊厭新」的心態。「喜新厭舊」，就是期待開悟、明心見性，或是希望有特殊的突破，以及想嘗一嘗「大死一番」是什麼滋味的心理。這在禪的修行來講，是忌諱的事；凡是期待、希求、厭惡、厭倦都是阻礙心。

有人是「喜舊厭新」，就是曾經有了一次好經驗，希望能夠一次再一次地重現，比如坐了一炷好香，下一炷香坐下之後，老是揣摩著，如何能夠再來一炷好香，這是很糟糕的。真正在禪修之時，既不可考慮身、口的行為，也不可存心修正心的行為。只有一意抱住方法，沒有所謂好或不好、新或舊。所謂方法，便是用境鍊心，心的前念與後念的交替，是從境產生的，若有前念後念，尚有新和舊。因此修行時，用心止於一境，久久前念不滅後念不起，即成定境，即是念頭沒有交替。禪的目的，不僅定於一境，且要心不緣境；不僅心不緣境，且要歷歷分明，這便是即定即慧的禪境。

佛教各宗的修行方法，都是鍊心法，不過有些是借外力來助長自己的信心，禪法則直接用境來鍊心。境分心內與心外，觀行初步多用外境鍊心，禪法則直接從截住內境做起，比如菩提達摩所說的「心如牆壁」，又有祖師說「蚊子叮鐵牛，沒有下口處」。用話頭、參公案、起疑情、破疑團，便是擒賊先擒王；攫住妄心，破卻情執，直顯佛性。

鍊心鍊到「見性」時，是「無心」，當時心不動，故能見本真的佛性，煩惱消失，智慧顯現。大悟徹底的人，其悟境不會消失，不會為境所動，他的心很穩定。若在定中，空間不會有範圍，時間不會有前後。禪的悟後，空間和時間，照常在他面前，只是跟他沒有關係。對他而言，無所謂新舊來去，他卻仍在新舊來去之中，穿衣吃飯，救濟眾生。

五、飲水思源

有人問我：「密教需要上師灌頂傳承，禪宗不是也主張明師的重要嗎？」

是的，不過，兩者的作用不同。密教的上師，是代表他力相助的權威，他是本尊的具體化現，沒有他的傳承，密法的修行，便不能成就。而上師的傳統，是印度晚期大乘佛教的特色，是受了印度教的影響而設的新事物。神教大多數會以神的代言人、天使、神的道成肉身等，來神化宗教領袖的地位。印度教各派，至今尚是如此。

禪宗的明師，作用有二：第一，是指導或啟發你修持禪法的善知識，如南嶽懷讓啟發馬祖道一，馬祖道一啟發大珠慧海。第二，是協助你更進步，勘驗你是否已開悟，印證你已經開了悟，此種例子俯拾皆是。可見禪門的明師，既是益友也是良師，他可能為你做證明，卻沒有什麼東西傳給你，這是釋迦世尊以來的老規矩，佛都在僧中，明師當然也在僧中，所以沒有必要在三皈依之上，另加上師的權位。然而，在禪法的流傳上，溯其源頭，必須師師相承才能有所創新。

（一九八三年二月二十四日農禪寺禪坐會開示）

生與死

先念一段曹山本寂禪師的《語錄》：「一次，有僧問曹山：『我通身都是病，請您老人家替我醫病。』曹山禪師回答說：『我不醫。』僧又問：『為什麼您不替我醫？』曹山禪師說：『我要教你求生不得，求死不得！』」

若由普通人聽起來，好像禪師好殘忍！但是對於修行「禪」的人來講，意義非常重大。現在我把「生和死」這個問題，分成四個層次：

一、不知死活？

第一個層次是「不知死活」。這指的是哪些人呢？就是愚昧的、醉生夢死的眾生，連「死活」是什麼？他們都不知道！而各類眾生當中，靈性的高低是有差別的，如靈性較高的動物，我們對牠好，牠知道感謝；對牠不好，牠也會記恨在心。我們看到豐子愷所畫的《護生畫集》裡頭，有一位屠夫拿刀要殺牛，那頭牛跪下來流眼淚——表示牠曉得「牠要死了」。但不一定所有的牛都知道要被殺，只有那些比較有善根的牛才會知道。

豬也是一樣，絕大多數的豬，在沒有上屠宰台以前，可能還不知道：「什麼叫死亡？」可是，我有一次看到一個鄉下人賣豬，豬販子進了豬圈裡，不管怎麼打，豬就是不肯出來，因為牠曉得自己就要死了，結果，豬販子一手抓牠尾巴，一手揪牠耳朵，這麼一提，就提上車子，載走了。

另外，我也聽到從馬祖的離島北竿那兒回來的充員軍人講：他們從馬祖本島買了一頭豬，運到小島上去預備給軍人過節加菜。一下船，豬硬是不肯走！士兵將牠往前拉，牠的屁股就往海邊退，似乎牠已曉得：「往前多走一步，便更接近了死亡一步。」但士兵比較聰明，腦筋一轉，反過頭來將豬往海裡拉，那豬依舊往後退。因此，就這樣一邊拉，一邊退，最後便退到軍營的伙夫房裡去了。畜生還是可憐哪！只曉得逃命；愈逃，反而離死亡愈近！

還有一個故事，這是我童年時親眼看到的：過年時，鄰家的人要殺羊加菜，殊不知道母羊肚裡懷了小羊；而那頭母羊在兩天前就知道了，便不肯吃草，且日夜地叫，叫得很悽慘！主人還說：「這隻羊八成遇到鬼了，好端端地叫什麼？」等到剖開母羊肚子時，赫然發現裡面有了三隻小羊！後悔已經來不及了。他們想：「羊也有靈性啊！牠肚子裡有小羊，且知道我們要殺掉牠！」這是屬於有靈性的動物。除此外，還有二種很有靈性的動物便是狗和象，往往在要死以前，牠們會知道的；特別是象，將要死時一定會走到隱密處去。

眾生之中，有很多低等動物是不知死活的，但是稍微高等的動物就已經知道死活了，因此，我們在淨土宗的《往生傳》裡頭，看到狗、鳥、雞、鴨、猴子等等，這些比較有靈性的動物也會往生淨土，但並不是說所有的動物都知道「生死」。

人類當中，有沒有不知死活的呢？有，不過不是終生不知，而是有時不知。比如臺灣的治安機構，最近雷厲風行地實施「一清專案」的掃蕩運動，各幫派的黑社會組織頭目紛紛被捕。我們看看那些人，在舞刀弄槍、逞兇鬥狠、殺人越貨之時，他們不會知道被他們殺害及殺傷的人，是多麼地痛苦，是多麼地悽慘！他們殺人就跟踩死螞蟻一樣，也不在乎一旦被治安機關逮捕後，會有什麼結果？這種心態下的人，沒有「生與死」的界限，一旦被捕定讞，臨刑命終之前，同樣畏懼死亡，只是後悔莫及了。

另有一些人，不知生的可貴與死的可悲，稍想不開，就要尋短見，並揚言：「我死給你看！」好像把死這樁事當作兒戲！殊不知致人於死和自殺同樣地不知死活是什麼。譬如做兒女的要結婚，父母不答應，就死給父母看；男孩追女孩，追不上，就要死給女孩看；女孩被男子遺棄，或者遇人不淑時，就去尋短見等。他們不知道生命得來不易；留著生命，尚有其他的機會；失去了此一生命，並不等於就有另一個更好的機會等著你。所以佛說：「殺他、殺己都是犯了殺人罪。」這種人，佛陀稱之為可憐憫者。這種人多了的話，對於家庭是沉重的負擔。如果人人把死亡當兒戲，那麼天下會大亂！

現在社會中，動不動就有人拿出槍來，使得大家生活在一種動盪、不安、時時恐怖、處處危險的環境裡。只要有一個人殺人，便為他自己造成遺憾，為他人帶來災難，為社會製造了動亂；只要有一個人被殺或自殺，不僅毀滅了他個人的寶貴生命，也為他的家人、親友帶來厄運和麻煩。有的人在自殺之前，乾脆也把家裡的妻小殺光，認為這樣一來，便不會連累他們了！這是何等地愚蠢！他們不知道生存和死亡是絕對不同的——不論從習俗、法律、佛法的觀點而言，人都沒有權利剝奪他人及自己的生存權利。

從生理而言，有生有死是自然現象；從佛理而言，死亡是一期果報的結束，也是另一期果報的開始，是無可避免的現象。

但是，殺人與自殺都是罪行、暴行！用暴力達成的任何目的，皆違背了自然的因果律，必將付出更多的代價。我們看到，一個人的被殺或自殺，可能導致好幾個家庭的悲劇；而且影響到其他人跟著模仿、學習！凡是有一件離奇的案子發生後，往往就會接連地發生同類的案子。

二、貪生怕死

第二個層次是「貪生怕死」。「貪生怕死」是好現象！人如貪生就會愛護自己的生命；因為怕死，所以會悉心照顧自己的健康。人類為了謀取生存，在克服種種困難的過程中，發揮了智慧和人性的光輝。由於互助而促成了社會的進步，由於彼此的溝通，產生了語言文字與文明，使得人類的生活更富裕、更安全。所以，「貪生怕死」乃是為人帶來文明和文化的動力。

可是，司馬遷〈報任安書〉有云：「人固有一死，或重於泰山，或輕於鴻毛。」為了許多人的安全而自己去冒險犯難，乃至犧牲生命，稱為「成仁取義」；這也正是從貪生怕死的基礎上，顯露出人性的昇華。行菩薩道的人，便是常以自己的生命換取眾生的安樂；唯有肯定了生命的可貴，始可見出捨身以救人的行為的崇高偉大。

一九七五年初夏，我在美國聽到當時我國駐紐約的公使——夏功權先生講的一個故事：他表明是一個佛教徒，並是獨生子。當抗戰初期，在蔣委員長「十萬青年十萬軍」的號召下，那時他才高中剛畢業，就參加騎兵部隊——騎兵負責斥候、探聽消息，在所有的部隊裡頭是最危險的兵種。他受完訓練，正在等待分發；他要報國，但又想到他的寡母：「假若我死了，母親怎麼辦？」他感到內心的矛盾！這時，他每天都騎著一匹馬到雲南山中的一間寺院去參拜。有一天，住持老和尚問他：「你這位青年軍官，每天來做什麼？」他說：「我很喜歡這裡的風景！」老和尚說：「不是！我看你有心事！」他說：「你怎麼知道？」他就將心事說了出來，並且請教怎麼辦？

老和尚說：「軍人應該是不怕死的，對不對？」

他回答說：「不一定！不過，死有重於泰山，死有輕於鴻毛。」

老和尚說：「比喻雖好，可惜還有問題！何不體驗，生死一步跨過。」

夏功權先生很有善根，他聽了這句話以後，心裡頭突然一亮：生死，只有一條線，只消一步就跨過罷了。從這一邊跨到那一邊，只是一步之隔而已；並不像孔子所說的：「未知生，焉知死？」那樣地蒼茫。從生至死，只是多走了一步；既然端正地走出下一步，當然還有另一步；生與死乃是無窮生命過程中的連接。因此，在往後的日子中，他不想到怕死，結果他一直活得很有精神。

但是，不貪生怕死，並不等於沒有生死。「生死一步跨過」當有雙重意義：第一重是從此一生死到另一生死；第二重則是一步跨越生死而到達不生不死。因此，我們必須進一步講「了生脫死」。

三、了生脫死

第三個層次是「了生脫死」。首先必須明白，依佛說，每一眾生都已經過無量生死，可惜，業力雖如影隨形地跟著我們，我們卻對過去無從記憶。若不出生死，不論何人，除了隨業流轉生死，別無自主的能力。生不知從何處來，死不知往何處去？現世為人，來世不知為何物？除非能截斷生死之流，否則業力溯自無始，緣熟即報現，誰知道下一世再以什麼面孔見人？

成仁取義、慷慨赴死，雖有功德，可以生天，或成為神，然其報盡，仍入茫茫的生死大海中。或者，有好多人不懂佛法，也不知道因緣生的萬法，都是生滅無常的。所以為了生存得更久，或者企圖不死，人間便出現了些長生不死的方法和傳說。比如在印度的古老傳說中，有所謂的「甘露」，飲後就可以不死。

古代中國的秦始皇，曾派了五百童男童女到蓬萊仙島，去尋找長生不死的藥。中國道書中有不死之藥稱為「金丹」，結果有好多人燒煉鉛汞，服後中毒死亡。道書中的方術，無非是些醫藥衞生及調氣、按摩以健身的方法；長生久視則是神話而非事實。佛法的了生脫死，不是叫長生不死，而是生與死跟我不相干。

我們只要有身體在，就沒有辦法離開生死，心執著這個身體，妄認這個身體為我，叫作生死法，同時，心緣自心也是生死法。只要有心的執著和攀緣，便不能脫離生死。

緣外境固然是生死因，心緣內境也是生死因；迷於物欲是生死因，執著悟境也是生死因。所以，凡夫畏懼生死，宜求解脫生死而趣涅槃；但畏懼三界苦惱煎迫，而求出三界、生淨土，雖然是修學佛法的初階，唯其尚有所取捨，並不是究竟。所以臨濟慧照禪師要說：「設有修得者，皆是生死業。」也就是說：到了如《心經》所說：「無智亦無得。」「以無所得故，菩提薩埵，……得阿耨多羅三藐三菩提。」因此，厭離生死而修行證果，便出離生死；出離分段生死，便出三界，證小乘果；出離變易生死，便證佛果大涅槃。

四、生死自在

第四個層次是「生死自在」。一般人對於生前與死後的認知，不是如唯物論者說，人死如燈滅，生是開始，死是結束。便是如靈魂不變說者，以為：人生是由靈魂投胎，人死是因靈魂離開了肉體；投生如蝸牛入殼，死亡如放下負荷。前者，佛法稱為「斷滅論」，後者佛法稱為「常見論」，均是邪見，同樣地不是事實。否則，斷滅論者，固然一死百了，不必再對其生前的行為負責；常見論者，也會視死亡為現實苦難的一時解脫。所以有人說：「死後的靈體，無重量、無阻礙；死不可怕，倒是活著比較麻煩！」因此導致一般人以死亡為解脫的錯誤認識。

實際上，「生」是由過去無始以來所造業力的果報；若非大惡大善，人的壽命及福緣，在其出生之時，大致已經決定。生存期間，是受先世業力的牽引；

死亡以後，若業力尚在左右生死，則緊接著又將接受另一期的生死。如此流轉，佛法稱為「六道輪迴」。既有六道，就不一定再來投胎為人；同在人中，也不能與先世的親友相識、相認。所以，死亡絕對不是解脫，倒是另一個業報之身的開始。

縱然有些人在生時積功累德，死後成為有福的鬼神，暫時不受苦迫；福盡壽終，仍舊未脫生死。深一層言，小乘聖者出三界而住涅槃，雖已不再生死，仍執生死為實有；不入生死，並不即是得大解脫。唯有不受業力牽引而入生死，也不以生死為實有而不入生死，才是大涅槃、大解脫的「生死自在」。

佛菩薩之化世、度眾而出現於世間者，有以暫時現身的「變化身」，有以入胎出胎的「托化身」，而且是隨類托化，無方不現。他們的托化身，照樣現有生死相，不過不以生死為苦，也不以生死為樂；所以有許多大德、高僧及大修行者，能夠不畏生死而自主生死，自由來往於生死之間。

例如難捨能捨，捨身救生；如預知捨壽死亡的時間，死亡時天樂鳴空、異香滿室；有的應死而能留壽不死，死時仍能夠健康如常地或說法、或撰偈、或顯神異；有的則能坐亡、立化，捨壽於談笑不經意間；有的則能死後復活而再死。他們收放自如，要活就活，說死便死，了無生死的牽掛可見，這才是「生死自在」的境地。因為在他們的心中，已沒有生死的痕跡，正所謂「求生不得，求死不得」。生無生相，死無死相。

我們可從佛教史傳：如《高僧傳》、《神僧傳》、《傳燈錄》、《居士傳》、《淨土往生傳》等諸書之中，散見到許多類似的記載。

（一九八五年三月十七日北投農禪寺禪坐會開示，周戀英居士整理）

善與惡

世間只有壞事、惡事，沒有壞人、惡人。佛說：「眾生皆可成佛。」只要不做壞事惡事，便可成佛；世間只要有一人成佛，他所見到的世界，便全是如佛一樣的好人好事了。而一般的世人多數是凡夫，當然有善惡好壞之分；對聖人來說，善惡由心造，心淨國土淨，便無善惡區別的必要了。

《六祖壇經》中，我們看到衣鉢傳承的故事。當然神秀書寫出「身是菩提樹，心如明鏡台；時時勤拂拭，勿使惹塵埃」的偈子以後，受到了五祖弘忍大師的認可，並告諸大眾說：「好好誦持並依照這偈子修行，可免墮惡道，獲大利益。」神秀雖然沒有得到衣鉢，然而，他是五祖當時的一位首席弟子，仍傳承了五祖，成為北方佛教的重鎮，很受武后則天之世朝廷及士庶的崇敬和禮遇。

當五祖看到惠能的偈子「菩提本無樹，明鏡亦非台；本來無一物，何處惹塵埃」時，將衣鉢密付惠能，並連夜送他過江到南方去。待五祖逕自回轉黃梅以後，一連數日沒有上堂，眾人疑惑，詢問之下，始知五祖的衣鉢，已被人傳到南方去了，於是五祖座下所有的人都大為緊張。這時的神秀倒沒有採取行動，反而是以一位四品將軍惠明為首的數百人隨後追踪，冀圖把衣鉢從惠能手中奪回。兩個月後，當六祖惠能行至大庾嶺時，尾隨追來的人群中，還是惠明率先趕到。

惠明是先朝陳宣帝的後代，因此世代受到隋、唐冊封為將軍，只享有俸祿，不掌兵權。這是政治上懷柔政策，籠絡前朝的遺民，不使他們造反的手腕，所以，惠明也就冠有將軍的名號，人們呼之為陳將軍。出家後跟五祖修行，很受五祖弘忍大師的器重和大眾的擁護。只是他既沒有寫偈子，衣鉢當然無份，聽說衣鉢到南方去了，便集合數百人向嶺南直追，立意要把衣鉢弄到手。

惠能眼看被追上了，便將衣鉢放在一塊磐石上，躲進草叢裡。惠明欣喜若狂地急忙上前伸手去取，誰知衣鉢就如同在石上生根一般，任憑他使盡所有的力氣，依然是紋風不動；這才猛然有所覺悟，立即跪下很虔誠地說：「行者，我是為法而來，不是為衣鉢而來！」惠能見狀，就現身說：「法是可以用暴力搶得到的嗎？你連衣鉢都難以奪走，何況法呢？！」惠明很惶恐地乞求開示，這時惠能就說：「你既然是為法而來，請先屏息諸緣，勿生一念。」如是沉默良久，又說：「不思善、不思惡，正在這時，哪個是惠明上座的本來面目？」

也就是說：在沒有生死以前的你是誰？平常吃飯、睡覺、走路、說話的你，都是假的，只是軀殼在動，心在胡思亂想。身體原是父母所生，生後不斷地新陳代謝；心是許多念頭的起滅不已。常人所知的身心，都非真正的我。要找本來面目，有一個辦法，就是不要生起善惡是非等的分別心，若能一切不思量，正在此時，看看你本來的面目在哪裡？本來面目，可以叫它「佛性」、「真如」、「法身」，這都是名詞而已。真正的本來面目，一定要自己看到了才算，否則只是隔靴搔癢罷了！惠明禪師聽到六祖說這幾句話以後，馬上開悟，而且是大悟。他為了避諱，不敢與惠能同用惠字為名，故改號道明。

為什麼同樣一句話，你們聽了不開悟呢？要知道，道明禪師出家已經很多年了，而且求法心非常懇切。從《六祖壇經》上看，他是追趕了兩個月，而且數百人當中，只他一人追上六祖，其他的均在中途退卻，光是這份追的耐力，就不容易了；何況他在黃梅，既有悟道之心，一定也是一位非常用功的人。

這個故事到此應該結束，因為道明已得其所求，然而他尚不放心地問：「除了這點之外，還有什麼其他的？」他以為五祖暗中還傳六祖一些袖中祕笈，卻被六祖隱而不宣。因此六祖回答說：「假如能夠說的就不是祕密；如果是祕密就不能說。我要說的已經說了；你要聽的也已經聽到了。那還有沒有祕密呢？你若返照，祕密在你，而不在我。」禪是以心印心的心法，沒有不可公開的東西，若你不知道，你就以為祕密了。道明即說：「今蒙指示，如人飲水，冷暖自知。」

以上這段故事，在敦煌本《六祖壇經》，敘述非常簡單，沒有流通本中所示「不思善，不思惡」的方法，然在《景德傳燈錄》卷四「道明」條下，已有此說。另在《洞山良价語錄》也見洞山用以教雲居的方法。

現在我們把「不思善，不思惡」的修行方法，分作三個層次來說明：

一、思善．思惡

我們先要善惡分明，才能開始修行。善惡分明的人，是正直明理的好人，善惡不分的人是糊塗蟲或是爛好人。孔子說的「鄉愿，德之賊也」便是這種見人說人話、見鬼說鬼話的人。他根本不知道什麼是善、什麼是惡；善惡對他來說，都是好的。善人看他，他是好人，惡人看他，他也站在壞人一邊，這便是鄉愿。因此要善惡分明，水火不同，各有分際，是人間道德的基礎。

什麼是善呢？善有比較的善，有絕對的善。我曾遇到一位計程車司機，他說：「修不修行都一樣，只要心好就好，任何宗教都教人存好心，我自問良心擺在中間，所以信不信宗教都一樣。」

我問他：「你的良心好到什麼程度呢？怎麼好法呢？難道人家冤枉了你，批評了你，誤罵了你，你都不介意嗎？當你遇到有人強行超你的車時，你不生氣嗎？或者有人連續地把你的客人搶走了，你不會埋怨嗎？你就沒有做過一樁不讓太太、孩子們知道的事嗎？連想都不曾想過嗎？」

他連連搖頭說：「我又不是聖人，不是佛，不是神。」

我說：「問題還多著哩！例如：你原來不要想的事，卻不能不想；原來不想做的事你卻非做不可；明知是不該說的話，你卻說了；不想罵人，而你竟罵了人；不想騙人，但你偏偏會騙人。你能說沒有所謂心不由己、身不由己、口不由己的經驗嗎？」他想了想，點點頭，也覺得很有道理。

心好，如何好法呢？反正心事只有天知道，別人固然看不到，自己也未必覺察到。如果一個人存壞心，已經讓人看出來時，他已壞到表面化。譬如，害瘡，瘡已害到出膿、發臭、流血、潰爛，這種毛病是不是一開始就這麼嚴重呢？絕對不是！乃是由小而大，自輕而重的。

所謂星星之火可以燎原，只要一念壞心不覺察，便可能漸漸形成人的一生心向。因此，有些人自認為是好人，實則未必；有些偏激的人，主張巧取豪奪，居然也有一番歪理，當其得逞之際，便真以為這是正道。倒是那些自認為自己的心很壞，老是想到壞念頭，想做壞事，甚至做了壞事，想說壞話，而且說了壞話的人，倒可能是正人君子。為什麼呢？他們謹言慎行，常常覺察自己做了愚蠢事，說了無聊話，想了歪念頭，像這種能夠自我檢點、自我批判的人，還會不是好人嗎？

行善，首先要對自己好，很多人往往由於只顧自己，雖然未想損害他人，結果卻是害人又害己。人是自私的，這是生物的本能，攝取身外之物以營養自己，使自己生存下去，這看來是對自己好的。然而，當你發心開始修行以後，你會發覺像這樣的自私，已是害人害己的行為，只要自覺尚有一絲自私心，便知道對不起自己也對不起別人。

很少有人故意陷害自己，但由於自私心的策動，卻做了許多將受惡報的壞事。好像有人用石頭擲擊停在樹枝上的鳥，結果鳥被擊傷飛走了，而石頭掉下來，正好砸在他自己的頭上。鳥還沒有報復他，他已經受到懲罰。結果他還大罵：「死鳥、鬼鳥！」憤怒不已。他不知道在他的心中又造了另一重惡因，受到了另一重煩惱的果報。像這種自己犯錯而又遷怒於他的情形，到處都可以看到。

可是，假如我到市區的街道上去問：「認為自己是好心的人請舉手。」街上的人很可能通通舉手。如已聽到我上面這種講法以後，大概便不會這樣認為了。

有一種人，樣樣都為自己打算，只知「自掃門前雪，不管他人瓦上霜」。這一類人，並不太壞，至少他自己門前還有一條路可以走，以佛法的修行而言，是小乘的自了漢。但如果有一天清晨你開門，發現有死狗躺在你家門口，你為了避免麻煩，急忙將狗屍拖到隔壁鄰居家的門口，自己裝作毫不知情。碰巧你的鄰居也跟你一樣，也將門口的死狗偷偷地拖到別人家門口去；如果所有的鄰居都是這種人，這條狗屍，恐怕又會回到你家門口來了。所以說，一個好人，不但對自己好，而且處處替別人著想。假使人人都對人好，我們這世界，便不會讓你遇到壞事；即使有壞事產生，也可能轉變成好事，你們相信嗎？

大約在十年前，有位非常虔誠的居士，他太太上街買菜，不幸被計程車撞死。那位司機當然被拘留了，而這位居士親自到警察分局為司機求情，他說：「請不要處罰這位肇禍的司機，我太太被撞死，是她的業報，也是我們全家的業報。這位司機為何不撞別人，卻撞上我太太？而我太太又為什麼不被別人撞死，卻偏偏死在他的車輪下？很顯然地，這一定是有因緣的。我不求賠償，也請不要判司機的刑。」當這位居士把太太的喪事處理妥當，又反過來照顧這位司機的家屬，最後司機全家人都受感動而虔誠信佛。如果人人都像這位居士一樣，世界上便沒有壞事了。本來死人是樁傷心事，結果成為佛事。所謂佛事，是以佛法來教化世間人的大事。因此首先說：好人，應從對自己好，而後對別人好，最後，使得人人都成好人。

有善有惡是世間法，為善去惡是生天法。所以佛法中，戒十惡、行十善，是人天果報的有漏法。雖稱有漏，卻是無漏法的基礎；不從有漏善法修起，修行便如空中樓閣。對人對己都有利益的人天善法，便是社會公益的福利事業，如修橋、鋪路、挖井、開河、放賑、辦學校、建醫院、供僧、護法、造塔、營寺、印經等等。今世的努力，來世便能到天上享天福或在人間受富貴身。再上一層，自己修行出三界，也化導一切人修行出三界的佛法：自己修淨土法門到西方極樂世界去，同時也勸勉世人念佛往生西方；自己參禪徹悟，也得勸導他人同修。小乘法雖僅自求解脫，卻被大乘法視為「被三昧酒所醉」的一群，不是究竟自在的解脫，因為他們尚執著世間為惡而出世間為善，所以出世之後，不願再來世間度眾生。禪的修行者即不如此，有人問南泉身後事，他說：「到山前庄上做牛。」

二、不思善．不思惡

這就是禪的修行法，所著重的是盡己之力，精進不懈地修行。不為目的、不求悟境、不期待解脫、不為出三界、不為成佛，到經常不思善、不思惡的程度，不僅沒有善、惡二法的對立，連一法也不成立。思善、思惡，有善、有惡，最多只能成為小乘羅漢，多半是生到天上去。如果修到不思善、不思惡的程度，就沒有分別心的存在，只感受到「處處都是華藏界，無處不是佛淨土」。禪的修行方法是從「思善、思惡」下手，然後漸漸地達到「不思善、不思惡」的境地。曹洞宗宏智正覺禪師主張默照禪，也就是用「不思善、不思惡」的方法。

善與惡可以解釋為好與壞、內與外、長與短、你與我、多與少、大與小、有與無等等，這些都是善與惡的同一個意義，和不同的代名詞。只要離開一切相對的分別境界，便能達到不思善、不思惡的境界。但是對沒有修行的人，或已修行但還沒有真實體驗的人來說，還是應從有善、有惡的分別心開始修起。

進入定境，是純粹的善心；尚有一念妄想心在，便不算純善心。普通人修行從散亂心開始，而後進入定境；這時並不究竟，因為他還沒有離開善惡的分別。

禪宗教人修行，既不可有散亂、昏沉的不善心，也不能進入定境的善心，甚至到了阿羅漢的出世間定，尚非離開善的層次。所以禪法教我們從散亂心到統一心；由統一心進入禪定心；再用話頭將禪定心粉碎，才是定慧不二、即慧即定的禪的悟境出現，這時才是真正達到不思善、不思惡的程度。如果不修禪定，只要根器夠利，不必經過漸次禪定的階段，也可以直接用不思善、不思惡的方法，把攀緣心擺脫之際，頓時便是晴空萬里的悟境現前。

禪的悟境，不是在定中，也不是在昏散心中。因此有人問我：「禪是不是定呢？」我說：「是定，而且不僅是定。」為什麼呢？因為大多數的禪者，要經過次第定的階段，禪宗則不然。又因為禪宗的目標是般若的空慧，而不僅是端坐的定境。所以《六祖壇經》「禪定」的詮釋是：「若見諸境，心不亂者，是真定也。」又說：「外離相即禪，內不亂即定。」如果禪的悟境愈高，相當於禪定的力量愈強，智慧的功能也愈顯著。

禪悟者的定中是有境、有念的，此定就是平常生活；而在一般的禪定中是身心不動的。禪宗對境而能心不散亂，所以不需枯坐，日常生活的待人接物，無一不是定的妙用。於念念中都能自見本性清淨，便是禪宗六祖所說的禪定。因此定的意思有二層：下焉者是身心均不動者謂之定；上焉者是不離一切境界而心不散亂。把定境融於日常生活之中，便是中國禪宗徹悟者的生活型態。

三、懂得思善・思惡

「諸惡莫作，眾善奉行」乃是過去七佛的通誡，「眾善」包括三千威儀、八萬細行的一切善法；「諸惡」則包括無量煩惱的現行。這是佛教的通則，故在交遊之間的人際關係，善良的益友稱為善知識，不善的損友稱為惡知識。所以不能說，佛教是否定善惡觀念和善惡價值的。可是善惡的標準，是可因人而異、因時而異、因地而異的，由於風俗習慣、宗教信仰、文化背景、教育程度、所居的職位、男女的性別，乃至種族種類的不同，即有不同的善惡標準。

在野蠻部落中，以為獵取異族的人頭祭祖祀神是善；文明社會則以殺無辜之人為惡。中國古人以為用太牢（牛）、中牢（羊）、少牢（豕）祭祀天地宗廟是善；主張素食及慈悲的人士，則以凡殺生者，皆是惡行。有的宗教以為凡是不信奉其所信宗教的異教徒，都是魔鬼，都應受天罰，都應被消滅，都應入地獄；有的宗教則以為一切眾生本具佛性，現在雖然不信，未來亦必將成佛，不僅不能排斥異己者，乃至要對一切眾生施予平等救濟。在重男輕女的社會裡，男人有多妻及邪淫的特權而不以為惡；女人若有一點招蜂引蝶之嫌，就成為不可饒恕的大罪。類此者不勝枚舉。

因此，為了隨順世間法，救度世間眾生，諸佛皆說為善去惡；若就真實法，則不應落於善惡的層次。修行通俗佛法，是從有善、有惡，為善、離惡開始，到了悟入無生法忍的聖位之際，即不以世間做為善惡標準的判斷，此所謂出格大人，自可有出格的作為。修行禪法，則以不落善惡的分別，做為著手修行的方法，所以不落階梯次第，可以直接證驗到超俗的自由境界。然於初學者的現實生活中，仍得以世間的善惡標準，做為行事的原則。

（一九八四年九月九日北投農禪寺禪坐會開示）

放下與擔起

我們這次禪七，是一次緊接著一次，昨天打完了七，今天又起七。為什麼不說打六、打五、打三，而名打七？從星象學、天文學來講，七天這個名詞，對人體和宇宙都有很大的關係，比如說一個星期是七天；而我們佛經裡講到修行方法和修行的時間，也常常以七為基數：一七、二七、三七、四七，有時候七七，七七也就是四十九天。

一、身體是小宇宙

打七這個名詞是如何來的，我也不知道；很多人都在猜想推測這個名詞的由來，這是沒有必要的。但我們用功的時間，確實是和宇宙的運行以及我們生理的運行互相配合起來的，這個身體實際上是宇宙的縮影——是一個小宇宙；把我們身體的構造擴大起來，其道理是與宇宙一樣的。

在宇宙裡七天之間，能完成些什麼？基督教的說法，七天完成了宇宙和人類眾生的創造。非基督教徒看起來，這只是無稽的神話。實際上，這神話也有它的根源，它是依星象學而來的，因為星象學以七天為一個週期。我們東方和西方都有七天的思想與觀念，打七就一般人精進修行的成果來講，在一、二天的時間內，可能難得上路，要到了第五天、第六天，差不多是得力的時候，第七天才算完成。

我自己主持過很多次禪七，也參加了很多次禪七，一般情形大致相同。在前幾天就發生效果的不多；如果發生效果的話，這是因為那位修行的人，他平常修行就很得力，或者曾經有過長時間修行的經驗。就一般人來說，真正得力都是在第三天、第四天，而以第五天、第六天得力的成分較多。所以我們要講善根、宿緣，我們必須相信這些，如果不相信，那麼打七的力量是無從生起的。

二、放四大莫把抓

說起我自己修持的經驗，實在很苦，我把門關起來自個兒打七，那時既沒有人指導，又不懂得方法，只是拚命地拜懺。最初拜的是淨土懺、大悲懺，然後又加上拜《法華經》，於是早上拜淨土懺，下午拜大悲懺，晚上拜《法華經》。整天都是念咒、誦經、拜經，結果得到什麼？僅得到身心的平靜。我最初修行，大概是半年以上，身心上才產生反應，因為沒有人指導的緣故！在那段時期，有人要我學虛雲老和尚；我想虛雲老和尚是怎麼樣的？他已圓寂了，我怎麼學？也有說我應該學印光大師；印老早生蓮邦，已無法親近，又從何學起？又有人勸我應該學弘一律師；我也想學，但如何學，也不知道。也有人要我學太虛大師。當時實在感到很苦，這四位大師的名字，把我壓得喘不過氣來，怎麼辦？我到底要走哪一條路？

明末的蕅益大師也曾經發生過這樣的困難，他就到佛前作鬮，寫了八個宗派的名字，在佛前禱告後再拈，拈了三次都拈到天台，但他並不喜歡天台。我又不願意這樣做，雖相信抽籤、卜卦也有其道理，但要我照著去做，卻絕不願意，怎麼辦？

想來想去，忽有所悟，印光大師究竟學的是誰？印光大師不就是印光大師嗎？太虛大師究竟學誰的呢？太虛大師不就是太虛大師嗎？弘一律師究竟學的誰呢？弘一律師不就是弘一律師嗎？原來他們誰也沒學啊，虛雲老和尚也是如此。由於這個覺悟，我決定哪一個也不學，只學釋迦牟尼佛，學不好，沒關係，我還是聖嚴，不至於落個四不像，今天我所走的路是如此。告訴諸位！我修行是經過一段漫長的摸索階段，後來我遇到了一位老和尚，他開示我二、三句話，使我受益匪淺，對我的心理轉變關係也很大！主要講的是什麼呢？就是：「放下，放下來，學密、學禪、學淨土、學什麼？想成佛，又想上西方，又想開悟，這些東西都要放下。」

放下以後什麼都有了，如果放不下，一個也抓不住的。直到現在，我還一直告訴人：「我啊！就是用這個原則。」因此，我剛才講打七，原因就是你在這七天之中，從第一天開始能逐漸地放下，這七天一定會有成就的。

如果你放不下的話，像我那時候，又要抓那個，又要抓這個，抓來抓去，就像掉入海裡到處亂抓，有什麼抓什麼。結果抓了這一個放了那一個，抓住了這個，恐怕這個不可靠，又抓那個；抓住那個，怕也不行，再抓另一個，結果什麼也沒抓到；放下來以後，卻是真正地抓住了。

希望你們在七天之中，從第一天開始，就能放下你所希望的東西；我昨天就是這麼講，今天還是這麼講。放下什麼？放下你自己，放下與你自己有關係的東西：放下你的希望，放下你的過去，放下你的未來，連你的現在也要放下。在這七天中，如果你放不下的話，除了腿痛以外，什麼也得不到；放下了，你會得大受用！

現在告訴諸位，你們放不下的是什麼呢？臉總要洗吧！手髒了總要擦一擦吧！早上起來牙齒總要刷一刷吧！身上出了汗總要洗洗澡吧！地弄髒了總要掃一掃吧！這些都是放不下；還有我們要進大殿的時候，總要把服裝穿整齊吧！這表示恭敬莊嚴道場。其實你們中午就看到我把長衫脫了就進大殿去；如果你們打坐的時候，覺得太熱了，把上衣脫掉打個赤膊也可以。這是修行，修行就是要放下一切！但是心中放不下，身上放下也沒用；嘴裡放下，心裡放不下也沒用。一定要從心裡先放下，心裡放下了，你身上放不下是沒有關係的；心裡放下了，口上放不下也沒有關係。

三、肩擔如來家業

現在要分兩方面來講：1.對於自己的要全部放下；2.對於三寶、對於願心則要擔起來。所謂「鐵肩擔道義」，是世俗話，道、義二個字要用鐵肩擔，那麼如來家業應該用什麼來擔？道、義二字是世間法，如來家業是世出世間的佛法，我們要用什麼樣的肩去擔？大概鐵肩是不夠的，銅肩恐怕也不行，銀肩、金肩也還是不夠的，應該是用金剛肩去擔如來家業。

是不是有個金剛肩？告訴諸位，沒有，但金剛能摧一切，而不會被一切所破壞。可是現在的金剛鑽不是那麼一回事，它是可以被切的；我們在佛法裡講金剛（vajira），它的意思就是最堅固，沒有辦法摧毀的。我們現在把金剛翻譯成diamond，把《金剛經》翻成 Diamond Sutra 是不對的，應叫作 Vajira Sutra，因diamond 並不是最堅固的。因為凡是「有」的東西，有形象的都不是最堅固的，這是相對的，你說你是最最堅固，那麼什麼東西是最堅固的？到最後，最不堅固的成了最堅固的，這就是物極必反，相生相剋的道理。

金剛鑽是最了不起、最堅固的，但它還是可以被破壞的；世間上的東西，沒有一樣是絕對的，是最了不起的。但是，我們在佛法裡頭講金剛，它的意思應該是無堅不摧的。從佛法更深一層來體認，金剛是智慧，是從修行、禪定而產生智慧以後就是無堅不摧，而又不為一切煩惱及邪魔所摧。但是，我要告訴諸位，金剛的意思就是——沒有這樣的東西；沒有這樣的東西，才是最最強大的東西，「有」就是有阻礙，有阻礙就不是最好的東西。只有「沒有」，徹底的「沒有」才是絕對的自由，才是絕對的最大力量，也就是說，唯有放下了一切，才會得到一切。

諸位之中，有兩位曾參加南先生的禪七，這次如果不放下的話，跟哪一位學都沒有直接效益，即使跟佛陀學也一樣沒有直接效益，至多在你的身體上，因打坐而產生反應外，心理是不會起什麼變化的。如果能把心裡的負擔放下來，才能使你的氣質徹底地改變；若達不到放下的程度，就不可能改變氣質，打一百個七也沒有用，因為你把自己困住了。放不下就是困住自己，則擔的不是如來家業，而是自己家裡的家業、老婆、兒子、銀行存款、洋房、工廠等等。擔了這些世俗的家業，那你就別想得到所謂禪的真受用。這意思並不是要每一位都出家，我們知道，行菩薩道的人，不一定都要出家，但必須有出離心，才可證菩薩道果；如果沒有出離心，現在家相而說：「我行菩薩道。」這是自欺。不管是出家、在家，如果沒有出離心，出家也是白出，在家學佛也只能得人天果報。

今天講出離心，是因為在小參時，知道有些人之心理，不是正的就是負的。

負的就是消極的、厭世的、逃避現實的；正的就是執著的、貪戀的、追求的。但，正、負卻沒有相加的，而只能二端擇其中；如得其中，則可稱之為出離心。

負的不是出離心，而是厭世的心，出離往往被解釋為厭世或逃避現實，認為我們這個娑婆世界是苦的，我們的現實社會是苦的，所以只有離開現實的社會，去出家修行才是快樂的。實際上沒有這麼一回事，須知於社會上做在家人時痛苦，做出家人也一樣痛苦；罪業是跟著你跑的，業報也是跟著你跑的，厭離是厭不了的，逃也逃不掉的。在世間法來講，有些債務是可以逃掉的，有些義務是可以逃掉的；在佛法上的因果來講，什麼也逃不掉的，現在逃掉了，來生還是逃不掉。

因此，在修行菩薩道來講，有了出離心，還必須再加悲願心。有出離心，才能對世間法、世間的東西不執著。今天在小參的時候，我曾對一位同修講過，先師東老人曾經說過：「口袋裡要有錢，銀行裡要有錢，頭腦裡則要沒有錢。」你在社會上要有事業、要有財產，頭腦裡要沒有事業、財產，如此做就是行菩薩道。如果說，口袋裡沒有錢，而滿腦子都是錢；實際上沒有事業，但滿腦子裡卻是事業，這是很苦惱的。一切東西我們都可以要，但不是貪；一切東西我們都可以不要，但並不是討厭。要「有」是為了眾生，這是悲願；而「沒有」則是我自己本身不要它。所以我還要講放下，如果放不下，得到的嫌太少，並且又怕它隨時會失去；沒有得到的又要追求，追求的時候，又擔心追求不到。像這樣，老是在煩惱裡。我們已有的一切固然要放下，不要認為是自己的；沒有的東西可以去追求，但也不是為了自己。學禪的人，如果樣樣都為自己，那就無法進入禪門了。

四、置生死於度外

你把自己放掉、放開，然後是不是要把眾生捉著呢？也是不行的。不過，在開始的時候要有個起點；開始的時候我們要「有」，到後來要「無」。「有」是有願心、有願力；「無」是無得失心。像諸位報名時，心中要想著：我在打禪七這七天中，一定要達到某種程度的成就，這是願心，是不可不要。可是正在修行的時候，要不要？修的時候如果老是想要、要、要，結果是要不到，只是在妄想裡兜圈子而已。

譬如我們開車的時候，開車以前要先查查地圖，認識路線，如果一面開車、一面看地圖，一定會撞到人、撞到樹，或車子翻了。所以，在沒有開始修行以前，要發願——我一定要有成就，這就是叫「有」。在修行的時候，一定要放下一切，什麼也不要管了，我只要照著方法去修行，只顧修行。像開車子時，腦子裡已經知道怎麼走了，按著既定路線行駛，自然會達到目的地。同時，自己開車時，也不可以一邊看看別人開得怎麼樣，欣賞別人的技術，這叫作一心二用，車子是要出危險的。

我在日本的時候，曾看了一則電視新聞。在奧林匹克運動大會上，一位日本的游泳選手，得了蝶式一百公尺的冠軍，記者訪問他，問他是否知道比肩的是蘇俄選手，得了第二名，他回答說：「我管他是誰！我只知盡最大的力量去游，如果我想到身旁有位蘇俄勁敵，我就會成為第四、第五名。」所以，我勸各位，在這七天之中（第一天已經過去了），一定要放下：放下你的過去，放下你的未來，即使你身旁的人與你有什麼關係也要放下。

所以，在修行時一定要把身體忘了；把心忘了是不容易的，心忘了並不是白癡，並不是一片空白，而是沒有念頭，這個我們會慢慢體會到的。首先，不要老是想到身體，身體是臭皮囊，你愈是愛惜它，它愈嬌生慣養；你愈多給它一點負擔，它愈堅強。所以不要原諒自己，一切放下，身體首先放下來，身體不是你的！有人一定要說：「身體不是我的，怎麼行呢？痛也是我的，怎麼不是我的？」

告訴諸位，不能這麼想，這樣就會姑息，不要饒它，不要原諒它，也不要老是想到自己的健康恐怕不行，要大死一番才行，如何死？誰死？死了你的心，也許你會想，身體不能死，死了就不能修行了，其實是「要你有個不怕死的決心，才是放下的入手處」。

孔子曾說：「朝聞道，夕死可矣。」何況我們都是為了參禪、修道。所以，為了修道而死的，下次來再修，力量是會連貫下來的。有人說：「開悟之後死了還好，不開悟而死，不是可惜嗎？」所以還是慢慢來，身體要緊，法身要借色身來修。但對我們修道人本身來講，是不可這麼說的。假如說寶貴我們色身的生命，法身的生命就得不到了。所以大死一番是什麼？是死掉你這一條心，什麼心？首先要死掉愛護你自己身體的心。因為連著身體來的是五欲，五欲是五條繩子，把你綁在生死裡不得自在。

有些人常這樣子說：「當我年紀大了以後，就放下來；現在有兒女，有家庭，我需要負擔他們，所以我需要工作，到我退休了，我就放下來。」放下來做什麼？到深山裡去修行，結果修行的時候，他卻寫出一本厚厚的回憶錄來，將這一生曾有過多少轟轟烈烈的事寫下來，傳之於後世，藏之名山。結果人雖在山裡，心卻在他過去的回憶中及未來的夢想裡打轉。這不是修行，修行一定要把你的過去和未來放下，現在也要放下。其實，過去已成過去，所以是沒有的，未來尚未出現，故也是沒有的，現在當然也是沒有的。

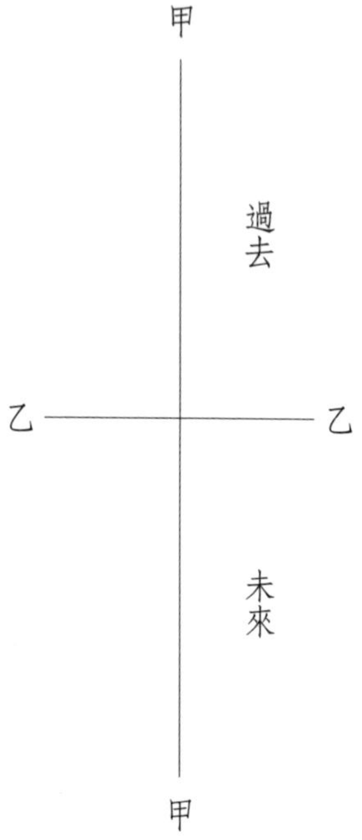

現在我們畫一條線（甲甲線），中間再畫一條線（乙乙線），上面是過去，下面是未來，那麼現在在哪裡？這「乙乙線」應該是現在，對不對？這「乙乙線」是假線，在這「乙乙線」的那邊是過去，這邊是未來，中間應該是沒有。因為一刀兩斷，把「甲甲線」切開看看，「現在」在哪裡？「現在」有沒有？「乙乙線」

是畫出來的，如果用刀切，則「現在」在哪裡？只有過去、未來，現在沒有了，而過去已經不存在，未來也還沒來，當然過去、現在沒有了，未來也沒有了；既然過去、現在、未來通通沒有，你還有什麼放不下的？下次再進禪堂的時候，請你們把身心世界放下；如果身心世界放不下，你永遠不會知道禪是什麼東西。

五、正常與反常

我們不能執著這個身體，告訴你，身體再好，也只有一堆骨頭和血肉。在你們用功的時候，我罵得很苛毒，我想你們都聽到了，我罵你們行屍走肉，罵你們機械木偶。如果不苛毒，打不動你們的心，我現在一定把這話磨磨尖、鍊鍊硬，刺你的心，這個心就是你們的「我」，這個「我」是自尊心。

不過還好，我們有很多人在一起，我罵這話的時候，有的人可能這麼想：「這大概不是罵我的吧？可能是罵另外一個人，與我沒什麼關係。」有的人想：「也許是罵我的，但不會對我那麼兇吧！」可是我要告訴你！那就是罵你的，不是罵別人。誰聽到，就是罵的誰，你沒有聽到就不是。正像有些心狠的人，講話的時候，就怕刺不傷你，所講的話，就怕不夠利；要就不講，講一句話來，就像很尖很尖的針，一下刺到你心裡去，刺得你痛得無法忍受，讓你三年十年都不會忘掉的一種感受。我知道，存毒心、說毒話的人要下地獄，或墮畜生。如果能放下的人，我罵他，因為他已放下了，他不會再來報復我，但是我的業力還在；如果他放不下，而我罵了他，或打了他，他會設法報復的。所以一個做為指導人修行的人，是冒險來做此事。

「好為人師」，這個人一定不是好老師，我們出家人也是如此。如果老是覺得自己了不起，我是指導你們修行的人，你們完全要聽我的，你們要崇拜我、恭敬我，對我叩頭禮拜，對我要恭敬供養，對我要視如佛菩薩。像我昨天講的，請你們不要反抗，不能有一點點不服從的心，這就是師父的尊嚴？這就是權威？不是的。

從佛法來講，有一個正常的路，也有一個反常的路；禪走的路，恰是反常的路。而佛法是講愛語的，禪的路固然也講愛語，可是往往是從訶罵人來接引；佛法講慈悲，但是，禪的立場有時會用打罵。像這種方式，如果整了一個有怨恨心的人，他心裡就會想：「真倒楣，被聖嚴騙了，我原不知道打七是什麼？禪七是什麼東西，跑到那鬼地方讓他整了一個星期。」然後到處對人說：「聖嚴那傢伙，他是個大瘋子，胡說八道地把我們整了一個星期，我們差點沒有集體起來打他一頓。」不過我保證，你們之中尚沒有這種人，至少在這個時間沒有這種人。告訴諸位，你們不能存這種心，要放下，放下了才能生道心。

什麼叫道心？就是平常心或直心。平常心不是稀奇古怪的事，而是平平常常的；我們如果想出一些古怪的點子，就是用心機，這就不是平常心，就不是直心。直心是直說，凡是直心的人，很少經過頭腦的思考，想一想、轉個圈子。譬如我想現在同你說一句話，先轉個圈子想一想，再跟你講話，這不是平常心，這是思慮心，或是一種心機。先要考慮一下利害得失，我這一句話講出來，對我有害或有利，這就不是直心。做人與修道的態度是兩回事，做人應守分際，應做得比較圓，不能太方，太方了會傷到人，也會傷到自己；做人要為人著想，要通情達理，要思前想後，不可傷到別人。修道人就沒這必要；修行，只有一條直路可走——往前走。

六、絕處又逢生

今天講「放下來」三個字，請諸位放下來，想睡覺的人怎麼放下？有人想：

「晚上我要睡覺，如果我這身體明天起不來怎麼辦？我很累了，像我這身體，假使今天不好好睡，明天恐怕打坐打不成了，我還是要好好地睡一覺。」這就是放不下；放下來，即是置生死於度外。有人想：「今晚假如我睡不好，明天打坐也不能打，那不是白白來了一趟？」這些又是得失心，這就是放不下。睡覺還是要睡的，我知道昨晚有些人沒有睡好，但我要告訴諸位，以我們打坐參禪的人來講，睡眠多少不是問題。睡愈多會愈糊塗，愈少愈好，昏沉等於沒有打坐，一香板打下去，至少會驚醒一下，這一下子其他的念頭都沒有了，這就是斷念，至少這時候是斷了念。

修西方淨土的念佛法門，講求淨念相繼。禪宗則要你從斷念開始，其實沒有不同。我要各位數息的念頭不斷，要連續地數下去，不要有其他的念頭插進去，不要斷掉，也就是要你淨念相續。只不過學淨土的，希望阿彌陀佛來接你；而學禪的人卻要像一隻孤伶伶的船，在一片汪洋的大海上，在驚濤駭浪中，是沒有人來救你的，只有自己想辦法了。所謂「絕處逢生」，向懸崖峭壁處往下跳，往汪洋大海裡跳下去。不要問跳下去之後怎麼辦？先跳下去再說吧！否則仍是放不下。

（一九七八年十一月十二日於北投中華佛教文化館第二屆禪七第一天開示）

休閒與修行

休閒是無事可做，修行是必須有行可修，看來是相反的。但是，一般人總以為，忙著事業的人，無暇修行，有了閒暇，才能修行，這是不正確的。忙人正需要修行，修行並不由於無事可做。一個日理萬機的人，若不做一點修養的工夫，定會掌握不住原則，甚至身敗名裂。所以古今偉人，若無宗教信仰，必有哲學修養。

例如，中國的孔子，是一位大教育家，也是一位仁道主義的大政治家。他是一個主張「自強不息」的人，故有一次他在川上，目睹流水而說：「逝者如斯夫，不舍晝夜。」意謂天地之化物，寒往暑來，如川流之不息，而且是夜以繼日，綿延不絕。人的努力，應當如此。可是，在另一個場合，孔子對著他的四個弟子：子路、曾皙（字點）、冉有（字求）、公西華（字赤），問他們各人的志願抱負，結果，其中三人，皆言為政輔政，只是國有大小、事有巨細的不同，唯獨曾點說：「我和他們三位不同。」孔子鼓勵他：「有何不可，本來就是要你們各言其志的嘛！」曾點這才說：「在和煦的春天，穿了春衫，邀同五、六位知心好友，帶著六、七個少年，到溫泉出處的沂水去沐浴，迎著和風輕舞，玩夠了，就詠著詩歌回家。」孔子聽畢，輕歎了一聲說：「真好，我也贊成曾點這樣的志抱。」這段對話，原文見於《論語．先進篇》。前面教人努力，當如川流而不息；後面主張人應順乎天性，疏導人性，歸乎自然。粗看，川流不息地努力，是精勤不懈，根本不該有休閒的觀念；曾點的抱負，則純出於一派閒然無事的狀態，豈非孔子的矛盾？其實不然，川流不息，是恆常、平穩、持久的，這是在精進中保持適度地緩和。至於後者是適乎自然而又生氣盎然，是在休閒狀態中保持群體的活潑。

孔子又主張：「志於道，據於德，依於仁，游於藝。」此所謂「藝」，即是禮儀、音樂、射箭、御馬、書畫、術數等的文化生活。以仁為體，以藝為用，便能陶養出泱泱大度、重視道德的中華民族。也就是說，人類除了飲食男女及衣住交通的基本生活之外，尚須有藝術的生活。此即在緊張的追求物欲滿足之外，當有輕鬆的娛樂活動，以做為身心的調劑，現代人就稱之為休閒生活。

佛教的基本思想，是主張息貪欲、戒瞋恚、離愚癡的，清淨、少欲、無諍、無惱，便能安身用功，息心修道。在家修行者，也當不涉酒肆歌榭等娛樂場所，也當不得以射殺動物來調劑身心。出家修行者，要求更嚴，凡是歌舞技擊等的場合，以及各種飾物、化妝用品，均應迴避，唯有專精於戒、定、慧三學的修習，以期達成離欲的目的。可是，自有人類以來，人的習性難改，在未有文字之前，即有了藝術創作的活動，特別是歌唱及舞踊，故在佛世即有關於演唱佛陀事跡的記載；大乘佛經，也多用讚偈與散文並列的體裁，馬鳴大師所寫的《佛所行讚》，便是詩歌體的佛陀傳記。出家眾不得歌舞，亦不得故往觀聽，卻允許以梵唄讚頌三寶功德。西藏密教，固然以精苦的瑜伽行之禪修為主，但也特別重視壇場的重彩布置，以及鈴、杵、鼓、鈸、號筒、嗩吶等樂器的使用。佛教自東漢傳來中國之後，除了經律論的傳譯研究和禪法的修學，必定也有適合一般信仰者的活動。以唐代的京都地區而言，大寺院皆有每年數次定期的大法會，接引廣大的民眾，接觸佛法；法會不離儀式、讚頌、說法等的項目。迄元、明時代，僧侶之中，有一流被稱為瑜伽教的瑜伽僧，即專門以唱誦歌詠經懺焰口等，為世俗間做延生、消災、度亡等的佛事。古時社會缺少普遍的民間娛樂設施，佛教的法會及因應世俗間的要求而做的佛事，多係選擇農閒期間舉行。在這種化世導俗的活動中，以歌唱表演等方式，用「俗講」、「寶卷」、「變文」等的體裁，配以簡單的樂器伴奏，寓教化於娛樂之中；使得廣大的民眾，在接受佛化的熏陶之際，也滿足了休閒活動的目的。高層次的士人階級，則以遊覽名山大剎的佛教聖地，或訪問大德高僧，做為休閒的最佳去處。此較一般人以欣賞娛樂場所的演唱節目、體育競賽，或欣賞博物館及畫廊的藝術作品，有更高一層的休閒價值。這已從官能的享受，進入了拓展精神領域的層面。

休閒的要求，是為了生活得到調劑。單調的生活，過久了會令人厭倦；緊張的生活，過久了令人難耐。所以在西方的游牧社會，人們發現了一星期的七天之中，有一天要休息；在四季分明的農業社會，人們利用農閒季節，享受休閒生活；在現代的工商業社會，則利用週末、國定假日、慰勞假期，享受休閒生活。休閒活動的方式，仍不出上山下水的郊遊，以及各種娛樂、演藝、藝術品展示等場所的參與和欣賞。最值得注目的，即是目前國內外定期的修持活動，也多利用學校的假期及公共假日的長週末。我在國內舉辦的禪七是如此，在美國舉辦的禪七，也是如此。這與古時的士人階級，利用休閒，去參訪名山高僧的情節，是相同的。可見，佛門的修行活動，正是人間休閒生活的最高境界。

不過，從世俗塵勞中，抽身出來，過幾天修行生活，固然是最高境界的休閒活動，如果專注於修行生活的人，就未必覺得輕鬆自在了。故在《四十二章經》中有一則修行當如調琴的例子：說有一位佛的出家弟子，精勤修行，乃至深夜誦經，仍不得力，所以聲調悲緊，生起退心，準備捨僧返家。佛便叫他去問話，知他在家時，經常彈琴，佛就開示他：「絃緩不鳴，絃急則斷，緩急適中，諸音普調。修行亦然，既不可懈怠，也不得緊張。」這說明雖可以休閒時間來修行，修行不即是休閒，更非唯有休閒的時間才來修行。會修行的人，修行固然會比休閒更自在，不會修行的人，修行卻比沉重的工作更苦。所以佛陀垂示修行當如調琴，必須鬆緊適宜。

不會修行的人，對於修行的生活，會感到單調而產生厭倦、無聊、悶塞；對於修行的進度會感到乏力，而產生憂鬱、緊張、失望。其實這是人之常情、常態，任何過分及單調的活動，都會引發厭倦和不耐煩，所以人性無常，有時以樂為樂，有時則以苦為享受；有時以苦為苦，有時則以享受為苦。籠中的鳥，羨慕林間的鳥能夠自由翺翔，隨心所欲；林間的鳥，則羨慕籠中的鳥，不愁風雨，無虞飢渴。成人以賺取生活費用的工作為辛勞，兒童則每以新奇有趣的心態，摸觸並模仿成人的工作。視每項工作為謀生的工具時，便需要以休息、休閒來平衡身心的負擔，若以業餘的興趣來從事同樣的工作，此項工作，便是他的休閒活動。

我在美國的普林斯頓大學城，遇到一位退休了的工程師，他每天的工作量，超過了他的在職時代，因為他的經驗和熱心，使得好多的朋友都找他幫忙，既是幫忙，當然是義務的，而且樂此不疲，他以此為他的休閒生活。我問他覺得勞累辛苦嗎？他說那是他的 pleasure（喜歡或消遣），雖也勞累，但不辛苦，差別在於沒有渴求的欲望和工作的壓力，所以是休閒活動而不是辛勞工作。

又如我國晉朝的田園詩人陶淵明的〈歸園田居〉所描寫的，早出晚歸的農耕情景，在他而言，是悠然自在的隱居生活：

種豆南山下，草盛豆苗稀；

晨興理荒穢，帶月荷鋤歸。

道狹草木長，夕露沾我衣；
衣沾不足惜，但使願無違。

正因為這種生活方式，是他喜歡的，也是他自己選擇的，雖然是在辛苦地日出而作，戴月方歸，但因無欲無累，所以通身自在。可是在另一位唐朝的詩人李紳所寫的〈憫農詩〉中，表現的農夫生活，就完全不一樣了：

鋤禾日當午，汗滴禾下土；
誰知盤中飧，粒粒皆辛苦。

農人在烈日之下鋤田，渾身是汗地工作，所以要知道我們餐桌上的食物，每一粒都是來自農人的辛苦。農夫以耕作為無可逃避的職責，既是他們謀生的方式，便有了生活的壓力，所以不是休閒。另一位五代的詩人顏仁郁寫的〈農家〉，也是看到了農家苦而未見田園樂：

夜半呼兒趁曉耕，羸牛無力漸艱行；
時人不識農家苦，將謂田中穀自生。

農夫的苦，不在於勞力，也不在於曬太陽，乃在於工作多而收成少，在欠收的情況下，再遇到官吏的橫徵暴斂，那就苦不堪言了。上面兩首詩是勞苦加上窮苦，物質的貧寒，造成心理的悲愴，才是最大的苦因。

再說修行生活，以一般人所見，僧人的自在悠閒是值得羨慕嚮往的。坐禪時的寧靜、拜佛時的安逸、動作時的輕緩、說話時的安詳，好像跟忙碌的塵世間，生活在兩個不同的世界上。因此在據說是清朝順治皇帝所寫的〈悟道詩〉中，要說：「百年三萬六千日，不及僧家半日閒。」因此而有一些人，以為僧人是無事可做的閒人；當他們自己無事可做的時候，便去山上找僧人聊天消遣，享受可口的山蔬；在山上度過一、兩天的閒日子之後，又覺得尚有許多事情要做，便又下山忙碌去了。

其實，僧人絕對不是閒人，修行生活也絕不是無事可做，更不是常有美味的素齋可吃。僧人的戒律生活，講求節儉樸實，身無長物，將衣、食、住、行的物質條件降至最低限度，不得有任何娛樂等所謂演藝、藝術的欣賞，將眼、耳、鼻、舌、身等五種官能，從色、聲、香、味、觸等五種外境，盡量隔離。故從外表看，僧人的生活，不僅清苦，而且冷漠，但這確是能使他們從物欲的牽累，獲得解脫自在的最好方法。這是從身清淨、口清淨，而至意清淨的基本要求；意清淨已是禪定和智慧的範圍。

至於修行禪定，先從制心於一開始，制心的方法，是修行禪數或禪觀，這要付出很大的耐心和毅力，用持誦、禮拜及坐禪等方法，達成制心的目的。如果業重障深的人，未修禪定時，身心尚不覺得痛苦；進入修行禪定的生活時，身障、心障，層出不窮，使他認為不是修行的根器而生退道之心。這種人，最好的辦法是以發心為大眾服勞役，為常住做苦力，不求成就，但求消業，日久之後，得失是非、名利物欲之心漸淡，即使未得深定，其心已漸清明。

故在修行階段的修行生活，除非已經認定這是你想走和當走的路，否則不是一條輕鬆愉快的坦途。所以每當有人向我請求准予出家，我都會一再強調：修行很苦，出家很窮，必須以入地獄受苦報的心理準備來求剃度。不要幻想，以為寺院生活清淨無惱，猶如天堂淨土，否則還是在家修行好了。我們在教授初級禪訓的課堂上，也說明打坐有益於身心的健康，有病治病，無病則健身益智。在我的一篇短文〈坐禪的功能〉裡（此文收於《禪的體驗．禪的開示》一書中），列舉了坐禪的十種心理的效果及十二種生理功效，治十二種疾病。其中包括安定情緒及治療高血壓。可是，若想報名參加精進禪七時，情緒不穩及高血壓患者，便無法被錄取了。因為禪坐養生，是業餘的健康休閒；精進禪七，則是全生命的投入，若沒有健全的身心，便無法承受緊密的修行課業。正軌的禪修生活，是一種嚴格而近乎嚴酷的鍛鍊，要把一個滿是缺點的普通人鍛鍊成銅筋鋼骨、鐵膽冰心、佛面菩薩心腸的大禪師，必須如孟子所說：「天將降大任於斯人也，必先苦其心志，勞其筋骨。」一般人非驕即餒，非貪即瞋，欠缺調柔、慈忍、厚重、堅毅的氣質，所以不是大器，不能有大擔當。剛強於內者必驕慢於外，怯懦於內者必畏縮於外。多半的虛驕，是出於自信心的不足，虛張聲勢，色厲內荏。這些毛病，都得用禪的鍛鍊來改善。禪的修行，能使懦者立，頑者廉，狂者謙，剛者柔。清初的戒顯禪師，即把禪師們的鍊眾方法，比照《孫子兵法》，編集成十三篇《禪門鍛鍊說》一卷。今日也有些青年學生在我這裡打完禪七之後，表示如同受了一次禪門的入伍訓練；其實禪七或禪修應該比軍訓更加嚴格，軍訓只管制身、口的行為，禪修更重要的則是管制心的活動。禪修的生活規則固然嚴格如同士兵的入伍訓練，但在幾天下來，習慣之後便能不以為苦了。至於內心的昏沉、散亂，貪、瞋、無明等的煩惱，像是夏天的蒼蠅、秋天的落葉，揮不勝揮，掃不勝掃；幾天後，便有精疲力盡無可奈何的感受，以致心浮氣躁，情緒低落。不論長期或短期的定期修行，初學者多半會發生類似的狀況。

長期修行，是指終生出家的人，初修之時，可能尚有些新鮮感，把成佛開悟、解脫生死，看得比較容易，用功也比較精進。一段時日下來，舊習氣、老煩惱一一重現，修行不能得力，往往自覺身不由己、心不由己地被外境所轉而不能自主，距離修行的目標似乎愈來愈遠，悟境遙遙無期，煩惱則像鬼魅附身。此時，會回憶在家時的情況，發覺出家愈久煩惱愈重，倒不如在家修行，既少煩惱，又增福慧。像這種人，若不還俗，便希望換一個環境，或到寺外去緩和一下心境。此正如《六祖壇經》所說的笑話了：東方人求生西方淨土，西方人求生何處？大概反以東方的娑婆世界為淨土了。但此亦正是凡夫的常情常理，一般人以打球、下棋、歌舞等為消遣的休閒活動，如成了職業的球員、棋士、演藝人員，則又需求另一方式的休閒活動了。

不過，修行不是職業，不得追求成就感的滿足，也不應有任何的心理壓力。馬祖道一禪師說「平常心是道」，道在平常日用中。修行的過程，便是修行的結果；不求離苦得樂，但能踏實地注意方法，把握方向就好。在一次又一次，乃至千百萬萬次的失敗和錯誤之後，水到自然渠成。修行的過程中，常見山窮水盡的情景，若不氣餒而繼續以平常心走下去，必然會發現峰迴路轉的又一段前程。如果實在太累了，何妨在修行途中略事休息；故於各種修行方法，多有期限，一七日乃至七七日，九十日乃至半年，乃至三年為期，修畢一期，再修第二期，依次漸進，不求急功。即在同一期中，也應以持誦、禮拜、經行、坐禪、處理衣食便溺及清潔生活環境等並行兼顧。時時心隨身住，念念心繫於法，不昏不散，不急不緩，輕鬆自在。長此以往，便可做到修行與休閒無別的程度了。一個大修行者，雖然終日忙碌，卻是一個無憂無慮的無事人，在他的心中，無風無浪，無雲亦無雨，萬里晴空，亦無日月。他已念念不離修行，故無須刻意修行；他已念念處處安閒，故也不用休閒了。

（一九八六年七月十七日）

案：此稿原在一九八六年一月二十六日講於北投農禪寺禪坐會，由池仲芸居士記錄成文，以講出時雜亂散漫，故到美國後，重寫了一次。

在家與出家

佛陀化世的本懷，是希望所有的人都能勤修戒、定、慧，以息滅貪、瞋、癡。但一切法本身並無貪、瞋、癡及種種罪過，而是加上了人內心的貪、瞋、癡之後，才有罪惡產生。因此，佛法的根本目的並非是要從諸法中辨別清淨與不清淨，而是由淨化內心以徹底改變我們對世界的錯覺。

一、願消三障諸煩惱

可是修持戒、定、慧並不簡單。在家人、出家人各有各的修法，而且又分初學與老修行，及各人根器與心向的差別，於是修行的過程與層次，就不盡相同了。比較起來，出家修行的障礙比在家少，而出家修行者發覺的障礙當中，心障又比業障多。

障礙可分三類：1.報障，是因生存的環境及出生的類別，使得你無法學佛修行。2.業障，雖具備學佛的條件，卻又因工作職業的關係，而不允許你學佛修行。3.煩惱障，是因心理的困擾而難以學佛修行。如果已經信佛學佛，即無報障，不過不論在家與出家，均具備有業障及煩惱障。由於惡報生於三塗，福報生於欲天，或雖生而為人，卻因耳聾眼瞎，或生於邊地，均不能學佛，不知學佛，故稱報障；雖能學佛，但在家人的生活型態令業障較為顯著，出家人則於煩惱心障的感受較為強烈。

在家修行，易於修福業，不利於修慧業；若在家人其本身具足福德，則修福業更是方便了。俗語說：「人在公門好行善。」如果是有地位的在家人，只要一句話，便能拯救無數人；他的權職與智能愈高，則造福人群的機會也愈多，因此，修布施行易於成功。修福業能感得欲界天的人天福報，六度中的布施、持戒、忍辱都是修的福德行。

二、願得智慧真明了

持戒中含有布施行。消極的持戒是不做壞事，積極的持戒必須廣行善事，不但不得作惡法，也不得不修善法。用財力、勢力、智力、體力、心力等種種方便，使人得益，都是布施行。

持戒又是忍辱行。忍辱者，不僅忍艱苦，也要忍誘惑。貧賤者忍苦，富貴者忍樂；忍苦難而忍不受樂更難，難忍能忍，始能持戒清淨。忍苦是無條件地接受折磨，忍不受樂是高意志的自我約束，所以能夠忍的人，一定能成大事。這也是在家人可以修的。

持戒也包含精進。菩薩的三聚淨戒，便是：持一切淨戒，修一切善法，度一切眾生；若不精進以赴，即算犯戒。在家菩薩雖不能於一時間做到，卻可以隨分隨力地持戒、修善、度生；但有關六度中的禪定和智慧，在家人就比較不容易修得了。

得禪定者未必有大智慧，無漏的淨慧卻必與禪定相應；否則縱然有智慧，也不是無漏慧，而是有所為的，是與貪、瞋、癡等我執相應的世間慧。無漏慧即是解脫慧，雖不一定要從修習四禪八定獲得，在得到解脫的一剎那間，自然跟定相應，這便是慧解脫的阿羅漢。不過，一般學佛的通途是：首以正見為指導，次以持戒為基礎，再以禪定為歷程，後以智慧為目標。而後復以智慧為舟航，用以自利利他的菩薩行。

在家人，易修福業的布施行，六度中的持戒、忍辱、精進，卻不易如法，更何況是禪定與智慧！由於福報而擁有家室眷屬及財物，豈能與持戒的梵行相應？由於業障的關係，身分上又豈能與忍辱、精進相應？修習禪定者，必須擺脫萬緣，專精攝心，若以在家人生活方式，雖能夠學習靜坐，而獲得身心舒暢的效果，想進入四禪八定的境界則相當困難。所以在家的修行者，一坐數小時不起座是有的，一定數天如剎那，卻是極不容易的。

在家人也可以修得與解脫慧相應的正智，卻無法即生解脫，最多位登三果而不入四果。大乘菩薩不至七地以上，不得無生法忍的無我解脫的大自在慧。一般附佛法外道，以在家身而妄稱位登無生，那是魔慢，是地獄因，不足為訓。

三、在家哪及出家好

傳說中宋朝的蘇東坡即是五祖山的戒和尚再來！從他的文章、詩偈中看到有關禪境的作品，好像是位徹悟的人，可是他仍沒有離開風花雪月、狎妓而遊的一個「情」字。如果他這一生，不做官而出家當和尚的話，相信他會成為一代了不起的大禪師。根據傳說的故事中，他與佛印禪師之間的機鋒相對，屢次落敗，這是由於他是在家人；在家人的職業、身分，縱然能得若干禪慧的受用，多半是來自思辨的，而非出於自性清淨心的流露。雖然知道禪境天成，不假造作，一遇到突發的情況，便又不能不隨境遷流了。而且，縱為出家的禪者，當他得了一個入處或所謂「開了隻眼」的見性之後，仍須到山中去增長定力，以保任其發明，或遁跡於僧團生活中，做一名隨眾起倒而無己事的粥飯僧。等到功力紮實之後，才水到渠成，隨緣化眾。

當然，我們從明朝集成的《居士分燈錄》及《名公法喜志》所見，在中國禪宗史上也有不少位在家居士獲有相當高的見地，只是比起各種《燈錄》所收的出家禪眾之傑出者，便有不成比例之感了。此不是說在家人的資稟或善根薄弱，實由於他們的生活環境及職業身分所限，不易做到打內心起長時間地放下萬緣、一心禪修的程度所致。

因此，釋迦世尊是先出家修道而後成佛；成佛之後先往鹿野苑度五弟子出家，嗣後他的教團仍以出家眾的一千二百五十人為核心，直到涅槃之前所說最後教誡的對象，也是出家的比丘。然在初期的佛教徒中，即有著大群的在家弟子做為佛教外護，釋尊為了度化他們，也說了不少在家修行的法門。佛法重心在教人離欲，但只有少數人適合出家和能夠出家。故有一部《出家功德經》宣說雖僅臨終前的一日一夜出家，即受七返六欲天的福報，二十劫不墮三塗，最後成為辟支佛果，足見在家修行不及出家。

四、將此身心奉塵剎

不過出家修行也有困難，首先割愛辭親，便不易辦到；不獨以家族和宗族觀念為重心，而主張子孫繁衍的中國社會，不許子女出家，即使佛世的印度，已有各種出家僧團的流行，若想徵得家屬同意，去過出家修道的生活，也非易事。在大乘佛教中雖有大菩薩現在家相，但住持三寶及弘揚佛法的大乘菩薩，如馬鳴、龍樹、無著、世親卻都是現的是出家相。由於不易，故顯得難能可貴。

親情、愛情、友情等的牽掛，家業、職業等的拖累，社會輿論的影響等，都會使一些有志出家的人躊躇不能自決。有一些佛教徒知道尊敬僧寶，也知道讚歎出家功德，甚至贊成自己的子女出家；如果真有子女要出家時，又覺得是一樁難以接受的事了。

出家的行為，乃是首先放得下世俗的一切牽累，接受僧侶的養成教育，並以戒學、定學和慧學奠定入世化俗的基礎力量，然後一肩荷擔起救世濟眾的如來家業。所以發心出家的人，粗看是薄情寡恩、六親不認的人，而且是逃避現實、消極懦弱的人，其實他們正像是出遠門赴考的舉子，或像今日出洋留學旅外經商的人，離家的目的是為有更多的能力及財力來造福鄉梓，乃至能使萬民得益。

出家修行者，應該是福慧雙修，戒、定、慧三學並重的。出家的身分即是戒行；將全部身心布施給三寶，以成就眾生，便是修的大福行的大布施，也是忍辱行及精進行；出家後業障牽累不多，故易以修持禪定和智慧，而為六度齊彰的菩薩行。

五、堪作人天功德主

可是，初出家者正在接受培育的階段，他們無物可施，也不會說法，所以在布施行的福業方面，無法表現，甚至覺得是在消福而未培福；對於貧病苦難者的救濟，反不如在家人做得有力而具體，乃至在接引初機進入佛門的努力方面，也不若在家居士的積極有效。其實在佛世的印度，乃至今日的泰、緬等國，除隱遁的瑜伽士或阿蘭若比丘，遺世獨居於林間及洞窟之外，絕大多數的僧眾是必須每天到村中托缽的所謂人間比丘。人間比丘趁向村中沿門乞食的機會，也同時為人間帶來了祝福，雖然不必說法化眾，他們的生活方式及威儀，便已為人間帶來了平和無諍、淨化身心的榜樣，也就因此而產生了化世導俗的作用，豈能說他們未修福業的布施行呢？即在中國而言，出家人的身分便代表了三寶的存在，雖然是一無所知的所謂「啞羊僧」，至少也會念一句阿彌陀佛，令人知有佛教，種下學佛之因，當然也是布施行。

當然，有形而積極的布施行或慈濟工作，乃至初機的接引工作，仍以在家身易於立竿見影。所以理想中的大菩薩，多現在家形象的天人相，甚至報身的佛也現頭戴天冠的天王相。在家的信眾也是出家僧團的外護，而且人數較諸出家僧眾占了全體佛教徒中的絕大部分。佛陀出世既無法使一切人出家為僧，佛的教化就必須普及於廣大的在家人。故在《阿含經》中有許多長者居士及居士婦的事例，在大乘經中則有維摩詰、勝鬘夫人、《華嚴經》的善財童子、《法華經》的龍女等，都代表著在家形象的大修行者。

故於凡夫位中，僧俗的修行雖有優劣，到聖位中，則反以在家身的形式有更多自由的攝化方便。可惜後世的附佛法外道，若干以鬼神為背景而以佛教為門面的邪師們，便假藉諸大菩薩乃至諸佛之名，來推行神鬼教的迷信。今日的社會環境，固然與主張離欲的出家觀念日漸遠離，離欲節欲的事實，仍是紓解人間疾苦的最佳良藥。於是雖在家卻自謂離欲，便不得不妄稱是大菩薩的示現了；有欲行而謂無欲念，有慢心而稱已離欲，乃是犯了五戒中的大妄語過。不如自認是凡夫，雖居俗家，而能利益大眾，並能自制私欲，從戒、定、慧上做些工夫，尚不失為初機的菩薩，也是在家修行的典範。

六、眾生無邊誓願度

出家修行，首先要設法放下家業、職業、身外的事物，並且要放下心內的事物，當在能夠通底放下身心內外的一切牽掛之後，才能一肩擔起度化眾生的責任。自古以來的大修行者，無不具有救人救世的大慈悲心和奔走呼籲的大慈悲行，這正因他們能放下自我，故能發出度生的弘願。

以我聖嚴而言，自知尚是一個普通的凡夫，只因為在三寶門中已走了幾步路，便有一股難以形容的力量，推著我為法、為教、為眾生而努力修行。本是一無所有的孑然孤僧，然在近十年來，屬於聖嚴名下的人、物、事，又漸漸地多了起來——寺院、研究所、書本、刊物、弟子、學生——結果我又有了業障！如此一來，是否表示我成了既有財產又有眷屬的光頭在家人？這與一般的在家人還是不一樣。其實，我未擁有任何一物，因為連我自己也不屬我之所有；我只覺得我是屬於佛教，以及這個時代和這個環境所有的一件工具，縱然勞累辛苦，卻少有累贅、牽掛、憂慮、恐懼及自滿等的煩惱。可見初出家者必須放下一切的身外之物；出家久了的人，更進一步當放下他們的自我中心，能夠放下自我中心，便與定慧相應了。

不過，出家修行而能達成自我中心的徹底脫落，需要經過禪定的修持及艱苦生活的歷練；不僅是克制肉體的習氣，更要化解內在的心障，肉體的克制已不容易，心障的化解，尤其困難。所以，出家之後，並非無事可做，乃是真正面對萬千障礙的開始。佛說，人有八萬四千塵勞，便是無盡煩惱障的總稱，人的心障之多且重，也唯有信佛學佛修行禪定之時，才能領會明瞭。

七、煩惱無盡誓願斷

因此，煩惱障是出家人與在家人共同有的，但對在家人來說，由於煩惱太多，正應了俗話所說的「蝨多不癢，債多不愁」。整天在煩惱中打轉，反不知自己是有煩惱的人了；除非遇到太太跟別人跑了、先生有了外遇、兒女發生意外、錢財被人倒了等重大衝擊之時，心中會感到非常痛苦之外，通常的貪瞋怨怒、憂喜哀樂的情緒變化，往往是不曾自覺的。出家人若不修行禪定，也不易覺察煩惱之多。若能修定，著手之際，便會發現心猿意馬，不受指揮；不要想的事，偏偏要想，不希望出現的念頭，就是不斷地翻滾。好不容易得到一、兩分鐘沒有雜念的經驗，便會高興；然一高興，雜念立刻就來。

出家人的環境雖利於修習定慧，若修定而不得其法，或無明師指導，易導致身心的疾患；雖已學到習定的方法，要想得定，也非易事，主要是煩惱障難以調伏。調伏煩惱障的方法，初步用戒，以持戒的力量約束身、口的惡行，使內心煩惱的火焰漸漸收斂，這主要是針對粗重的煩惱，如強盜、殺人等的念頭而設，以此為基礎，再來消化輕和細的煩惱。對整天修行的出家人而言，輕細的煩惱也構成了大麻煩，此時要用定慧的工夫來調伏、解除它。

煩惱的心障有粗有細，粗細又各有類別。印度的唯識學，將煩惱心分作根本煩惱和隨煩惱。隨煩惱又分作大隨、中隨和小隨，加上遍行、別境、善、不定等，總共稱為五十一個心所，都是煩惱心的流類。中國的天台宗，將煩惱分作見惑、思惑、塵沙、無明的四大類，每類也各有許多煩惱。

修行人發覺有煩惱是正常的，修行時覺得沒有煩惱倒是有了問題；對自己的心念活動愈清楚，煩惱的心障便愈輕。若得初禪的定境，就能發現心念起滅之快速；謂於比一瞬還快許多倍的一剎那間，心念即有十六生滅。故在我指導學生修行時，對於煩惱特重、妄念特多的人，常教他們專注於妄想的分類記憶，即是將每一個出現的妄念都記憶下來，再加以分類編號，看看自己究竟在想什麼？出現最頻繁的妄念是哪些？最惱人的又是什麼？大多數的學生經如此分析之後，便能放下它，不理它，而安心地用工夫了。

八、此事無關風與月

出家修行和在家修行有許多地方是共通的。在家人可行布施，不一定會布施；

出家人不利於布施，確又能做大布施。出家人利於修定慧，卻未必從事於定慧的修行；在家人不利於修定慧，確也有在家人能修定慧的。所不同者，在於輕重之別。在家修行者業障較重，牽掛較多，雖可短期住進寺院，與出家人過同樣的離欲生活，但終必返回塵世；出家人有時也會離山行腳，到塵世走走的情況，但其若不還俗，仍將以長時間寺院生活為其依歸，這即是出家畢竟與在家不同之處。

數年前，我在美國遇到一位在印第安那大學（Indiana University）任職的教授。

「寶眷也在美國嗎？」我問他。

「和法師一樣，我從未結過婚。」他答。

「為何不結婚？」我問。

「好讓已婚的男人妒嫉，也讓未婚的女人等待。」他答。

「這麼說，你和我是完全不同了。我和婚姻無關，而你和已婚、未婚的人都扯上關係哪！」

他聽了，哈哈大笑。獨身和出家不一樣，在家修行當然不同於出家修行。

（一九八六年八月四日北投農禪寺禪坐會開示，周巒英居士整理）

疑心與疑情

「疑」可分成兩個部分來講：一、普通的疑心；二、禪修的疑情。

一、普通的疑心

（一）無知的疑

對於所接觸到的人、事、物，因為不知道、不了解，所以與之保持距離，不敢碰它，碰了怕會上當、惹禍、受傷害，這是為了自己的安全而起的疑心。這種情形，在我們的日常生活裡，誰都可能遇到。

當你頭痛時，有個你根本不認識的人給你藥吃，你並不知道這個人是不是懂得這種藥的性質，而他也只說：「聽說這種藥可以治頭痛，你試試看。」這時，除非你已痛得不得了，又沒有任何人來幫你的忙，也不可能得到任何其他的藥物，並且你已到了不吃藥會死，吃了也許不會死的程度，那你只有吃了；否則，你應該是不敢吃的。由這個例子看起來，因為無知而懷疑，這是正常的事，也不一定是壞事。

（二）多心的疑

這就是「疑心生暗鬼」。「多疑」和「懷疑」不一樣，「懷疑」是對不了解的事採取不相信的態度；「多疑」是對尚未發生的事，預先設想它的發生，同樣的，尚未受到傷害，就已想到會因某人某事而受到傷害。更甚的是，對於認識已久而且從未發生過問題的人，也這麼想：「人不到蓋棺不能論定，說不定他對別人沒有問題，對我卻會有意外。」

一般人認為，抱防人之心比完全信任人要安全，可是諸位，誰願意被人懷疑？你是赤膽忠心，一片熱忱來對待對方，對方的反應則是：「你對我這麼好，有什麼企圖？會不會是一種欺詐的手段，用來取得我的信任，然後再對我不利？」對任何人都抱著多疑敵視的態度，像這種人大概不會有朋友，也很難有人能夠幫他的忙。

不論待人或處事，凡是多一分猶豫，即少一分成就。用人者不可疑人，否則此人便不為你所用。《華嚴經》說：「信為道元功德母，長養一切諸善法。」人無信者不立，多疑者必孤。

二、禪修的疑情

「疑情」與「疑心」不一樣。對修行者來講，信心非常重要，在疑情尚未發生之前，必須具備完全的信心，不能有絲毫懷疑心，有了疑心就不能夠修行。所以皈依成為三寶弟子，首先要信三寶，百分之百地信三寶，以三寶為舟航，為我們終生的皈依處。再來要信自己的佛性，與諸佛菩薩無二無別。然而為什麼至今我們仍是眾生，為何自己未見本來佛性？佛性究竟是什麼？如此反覆追問，便是疑情的開始；也是禪修者用來親見佛性的一種方法。

禪門所講的疑情，是用一句話頭或一則公案，叫你愣頭愣腦地問，又稱「參話頭」或「參公案」，又名為「參禪」。參禪的人，必須百分之百地相信佛說，百分之百地相信自己有開悟的可能，百分之百地相信師父的指導。譬如說：「泥牛海底啣珠走」、「東山下雨西山濕」，這些話看起來不合邏輯，互相矛盾，但你卻不能懷疑其正確性。不但信，而且要百分之百地照著他的話去追問，也就是「參」，繼續不斷地，夜以繼日地，廢寢忘食地參、參、參以後，你才會產生疑情。所以，疑情與信心不僅不違背，而且是相應的；愈是信得深切的人，才愈會產生疑情，若是信得不深切的人或是修行上毫無體驗的人，便不容易產生疑情。

另外，不得讓參禪的人，用自己既有的知識、觀念及經驗去解答、解釋、分析那個所參的話頭或公案的意思。否則，疑情不起，或者因為心念一動，使疑情立即消失。疑情是想要知道你所參的話頭或公案的內容是什麼？並相信話頭或公案本身，能在你窮參不捨地追問之下，自然會給你答案，答案出現時，我們稱之為「開悟」。不過，尚須經過高明的師父來鑑定，你是不是得到正確的答案。

因此，參禪的目的在製造疑情，製造疑情可以很快地破除我們的無明殼、煩惱障，而達到明心見性的目的。如果用平常的修行方法，則要經過較長的時間來慢慢消業。

疑情有小、中、大的三個等級，以下我們分別來介紹。

（二）小疑情

「疑情」的定義，就是抱住一個話頭或一則公案問、問、問，問的時候，不是機械式地重複，而是還要想知道、想知道、想知道；既不能給它答案，也不是等待答案，而是迫切地尋求答案。一直問下去，問到既吞不下又吐不出的程度時，我們叫它作疑情出現。

現在舉一個例子來說明小疑情、中疑情、大疑情的區別在哪裡。我在美國的一次禪七中，有一位美國居士，他確實在禪修上已花了很多年的工夫，他打坐時，妄想很少。因此我就給他一個話頭，他參了兩天，便來告訴我說：「我的話頭已經參掉了。」我說：「真差勁！」他說：「你不是說過，數息而能把數目數得不見的嗎？」我說：「數息的數目可以數掉，話頭是不能讓它跑掉的。否則，表示你根本沒有疑情，你是在念話頭，念、念、念到心裡覺得無聊，味同嚼蠟，好像狗子咬嚼棉花絮，咬久了便懶得咬了，這時候已不是在用功，已經離開了方法。參話頭要參到使你感覺心悶（不是胸悶），叫你悶、悶、悶得非常難過，而已失去了自己，但是話頭還在，這才是疑情。」因此我教他重新來過。

後來這個美國人又參了兩天，他又來告訴我：「我現在這個話頭已經有點味道。」我說：「是什麼味道？」他說：「扣著一把，又扣著一把，連連地扣住它，而且我一直在想，它的裡面一定有一樣我所希望知道的東西在等著我。這樣子用功對不對？」

我說：「如果要吃飯了，聽到打板聲，你要不要吃飯？」他說：「聽到打板了，就去吃飯。」我說：「聽到打引磬，你的腿會不會痠？」他說；「坐久了，腿會痠。」我說：「這樣講，你已經有一點疑情，因為這裡面有東西，你已經對師父給你的方法產生信心。你希望知道那裡面是什麼東西，這是小疑情的現象。為何稱為小疑情，因為你聽到打板要吃飯了，你肚子會餓；話頭雖有了味道，可惜還不如飯菜的味道好。」

（二）中疑情

後來我又告訴那個美國人：「你不要聯想到打板就是吃飯的事，也不要聯想到打引磬就是起座的事；你只是聽到打板、打引磬，不要分心，一直抱住這個話頭問下去，如果你發覺稍微分心，立即要回到話頭上去。你試試看，但是不得欺騙自己，明知大家去吃飯卻故意裝著不知道。」

過了數小時，我又把他叫到小參室問：「剛才半天的時間，你的情況怎樣？」他說：「我照著師父的指導去做。我在這段時間之中，沒有聽到任何聲音，我鑽進話頭裡去了。前一段時間中，我在話頭的外面，我感覺這個裡面一定有東西、一定有東西；而在這半天之中，我感覺我自己已經被話頭包圍起來，我自己已經在話頭裡面。我不清楚是不是還在繼續地問，但是這個話頭的力量非常強烈，我已經在話頭裡，所以外面發生什麼事，我沒有聽到，也不知道。可是話頭裡面，一片茫然，尚未發現使我驚心動魄的事。」他已能鑽到自己的話頭裡，但是他的工夫還不夠綿密，因為他突然間想到了：「哎，我還沒吃飯。」就這麼一個分心，便使他前功盡棄，他又從話頭裡退了出來，一下子覺得身體好累，結果話頭再也用不上力了，於是我叫他去休息。這種情況，稱為「中疑情」。

(三) 大疑情

「大疑情」就是把自己鑽進那個話頭裡，天南地北都不知道，白天、黑夜也不分辨。人家吃飯，你也可能照樣吃飯，人家經行，你也可能跟著經行，你可能也去上廁所，可是你從早到晚、從晚到早，打坐時你在疑團裡頭，吃飯時你在疑團裡頭，經行時、大小便時，你都在疑團裡。這時你已經是視而不見、聽而不聞、食而不知其味；你的任何動作，都是順著習慣性在進行，已不知道你在做些什麼。打坐之後，如果沒有人要你起來，你可能會一直坐下去，無人讓你吃飯，你不會主動覺得需要飲食。因為你的心已被話頭包圍，這時，見山不知是山，見水也不知是水；普通人看到的你，直似個癡癡呆呆的植物人，好像著了邪一樣。這種狀況，稱為「疑團」，若是輕度的疑團，也會保持幾小時或幾天，若是深度的疑團，就可能保持到十天半月。疑團的力量愈強，出現的悟境，也可能愈深，此所以古人要說：「大疑大悟，小疑小悟，不疑不悟。」

（一九八四年三月十一日北投農禪寺禪坐會開示）

守一與守心

先講四祖道信禪師和五祖弘忍禪師之間的一段故事。

有一天，道信禪師在前往湖北省黃梅縣的途中，遇見一個小男孩，長得非常清秀奇拔，於是問他：「喂！你姓什麼？」小孩回答說：「假如有性的話，便不是常性。」老子《道德經》說：「道可道非常道，名可名非常名。」小孩的意思是「性可性非常性」，也就是說，假如有性的話，這一定非常性。「常」是經常的意思，佛法則說：「實性無性。」這小孩居然答得出這種話，確實不簡單。

於是，道信禪師又問：「你究竟姓什麼？」小孩回答：「我是佛性。」道信禪師問他「姓」什麼？問的是家族的姓，小孩卻答非所問地說：「我是佛性。」那也等於是「道可道非常道，性可性非常性」。而什麼是「性」是「常」呢？只有「佛性」是常「性」，是永恆不變的空性。

道信禪師很訝異地又問：「你沒有自己的姓嗎？」小孩說：「性是空的。」後來，道信禪師就到小孩的家裡，向他父母乞這小孩出家，而小孩的父母也非常難得且很高興地將小孩送給道信禪師。於是，小孩也就成為道信禪師的弟子，法名弘忍。那時弘忍只有七歲，就跟隨了道信，一直到弘忍成年悟道為止。可見他們師徒倆，在一起生活相當長的一段時間，因而他倆的思想、禪法都很相似。

故事到此告一段落。接下來講今天的主題「守一和守心」。

「守一」是四祖道信禪師在〈入道安心要方便門〉中提到，文中是如此寫的：「守一不移，動靜常住，能令學者，明見佛性，早入定門。」我們剛才講到弘忍禪師，他還很小的時候遇見道信禪師，就提到不變不異的「佛性」。這裡的「守一」，是教我們達到「明心見性」的方法。

「守心」是五祖弘忍禪師在〈修心要論〉（即〈最上乘論〉）中所提及的，文中說：「但能凝然守心，妄念不生，涅槃法自然顯現，故知自心本來清淨。」

「守一」和「守心」是不是同樣的意思呢？在弘忍禪師講「守心」時，也引用《遺教經》：「制心一處，無事不辦。」現在我們就根據「制心」、「守一」和「守心」這三個名詞來介紹禪的修行方法。

我們知道，禪宗的修行法即是沒有方法，沒有方法可用，才是真正的修行方法。可是從四祖、五祖的文章來看，他們是有方法的。因此，後代禪宗的學者都重視六祖以後的禪法，而對六祖以前的禪法不太重視。殊不知六祖的禪法是從四祖、五祖而來，而四祖及五祖的禪法是從印度傳來的。我們也可以從上面三句話，看到他們的來龍去脈，才能了解到中國的禪法。

一、制心

此刻，如果另有一人拿著麥克風，在此講堂講佛寶、法寶、僧寶，而我正在講制心、守一、守心，請問諸位怎麼辦？你們究竟是聽我的，還是聽他的？你們是為聽聖嚴開示禪法而來的，結果他在那邊搗蛋。要嘛，請他離開，要不就要求師父換到另外一個不受干擾的地方。為什麼要這樣做呢？因為我們的心，沒有辦法同時接受兩邊，只能接受一方。

但實際上，我們的心，卻要比這複雜多了。它不但希望能接受我所說的話，同時還想接受任何一樁偶爾閃過腦海中的事、任何在前面走過的人，以及任何在耳邊響起的聲音。雖然你們坐在這裡目不轉睛地，耳朵也豎得高高地，好像很注意地在聽我講解，可是你們的心並不能如你們所願地全神貫注，依然隨著外界的動靜而七上八下，動盪不已。這也就是說，心不聽指揮，所以是雜亂無章的。因此，我們要用方法，使得心能夠統一起來，集中起來，發揮它最大的效用。也因此，從佛陀開始，就教行者應用種種不同的方法來鍊心。

在佛陀時代，有一位笨弟子，他的名字叫愚路或小路，各位可參看拙作《聖者的故事》。愚路很笨，因為他的心無法集中，非常地散亂，他沒有辦法記住任何完整的一句話。教他一首偈，他不是念了上句忘了下句，就是念了下句而將上句忘了。在寺院附近放牛、牧羊的小孩，都因聽他背誦而把偈子背熟了，可憐的愚路卻連一句也記不住。後來，佛陀就教他念兩個字「掃帚」，然而，他依舊是念了「掃」就忘了「帚」，記住「帚」卻把「掃」忘掉。於是，佛陀就教他替僧團大眾擦鞋，並且告訴他念兩句話：「我拂塵，我除垢。」佛問他：「懂不懂呢？」他說：「懂了。」於是，他就天天擦鞋子，並且邊擦邊念：「我拂塵，我除垢。」後來，他突然明白了塵垢有內外之分，佛陀教他拂除的是內在的煩惱塵垢，是貪欲、瞋恚、邪見的塵垢。就這樣，他便斷除煩惱，而證了阿羅漢果。因為他整天替人擦鞋子，將身心都投注在「我拂塵，我除垢」的方法上，這就是

「制心」，也就是把「心」放在同一件事上、同一觀念上，繼續不斷地做下去，這是禪法的源頭。

所以，禪宗的修行不一定要打坐，《六祖壇經》說：「道由心悟，豈在坐也？」因此，打坐不一定是禪宗的禪，倒是吃飯、睡覺、屙屎、撒尿等的日常生活，是禪門修行的方法。

在日常生活中，走路時，就一心一意地走，睡覺時，就一心一意地睡，做任何事都是一心一意地做。諸位，現在你們就應該一心一意地聽講，如果你聽講時，一邊用耳朵聽，另一邊卻因我的話而想到別的事，比如剛剛提到擦鞋子，結果你們心裡想，佛要擦鞋子，那時代的出家人穿的是什麼鞋？而那位笨弟子究竟是擦草鞋呢？還是布鞋？或是什麼鞋？但奇怪呀！如果是草鞋，那根本不需要擦，而布鞋也無從擦起。嗯！那個時候，大概已經有人穿皮鞋了，可是，出家人又怎能穿皮鞋呢？如此這般地妄念繼續不斷地閃過，就不是專心聽講了。

有些聰明人頭腦轉得很快，聽到一句話，或一個問題，就可以轉幾個念頭且一直轉下去。這種因為別人的一句話就聯想到一大串別的事情上去，並不是「制心」，而是散心、亂心。要心無二用、心無旁騖，心裡沒有其他的念頭，才是

「制心」。

二、守一

我常常這麼做比喻：假如你的心很亂，如果是為了恨，你就老念幾個字。譬如說：「XXX很可恨，我要報仇。」你就一直念：「XXX很可恨，我要報仇，我要報仇……。」念時不用回憶，不問理由，不起第二念，不做聯想，只是專心一意地念這幾個字。到最後，可能只剩下了一個「仇、仇、仇……」或「XXX、XXX……」的念頭，只有這念頭存在，沒有行動的衝動；只有音符，而沒有其他的意義，也無其他的意圖。因為你的心已停止在某一個情況，或某一個念頭上，且繼續不斷，這就是「正念」，就是「守一」。

「制心」和「守一」是層次上的不同：「制心」是將亂心集中在一個念頭上，「守一」是將已統一的心，牢牢地保持住。把統一的心保持住以後，是不是還會有邪念或煩惱出現呢？不會的，這「守一不移，動靜常住」，說的是統一心。《楞嚴經》的〈大勢至菩薩念佛圓通章〉裡講的「淨念相繼」，就是「正念相繼」，淨念的「淨」字，就是心不移動、不歪曲、不紊亂、不散漫。

就以「報仇」二字來做例子，本來「報仇」的念頭是惡念，如果將念頭維持在「報仇」的一念上，此時的「報仇」並不是惡念，因為這一念頭裡，並沒有要報仇的欲望和被報仇的對象；乃是將你的雜亂心統一起來，繼續不斷地保持念頭在同一情況下。所以，「淨念相繼」最後得三昧、入大定、得涅槃。因此，「守一」的意思是守住「一心不亂」，而永遠地一直保持下去。

請問諸位，誰得一心不亂，或有「一心不亂」的經驗？糟糕，連一個人都沒有，如未得一心不亂，何能談到守住一心不亂？因此，首先我們要用「制心」的方法，鍛鍊再鍛鍊，修行再修行，以達成一心不亂；然後，守住一心不亂，繼續不斷地一直維持下去。所以，禪的修行方法或修行的過程，必須要很清楚地做交代。

這一心不亂的統一心是統一念頭而已，但心並不是不動，而是前一念和後一念猶如兩個完全相同的雙胞胎，或是兩股一樣均勻的波浪，但仍然念念不斷。比如剛才所說的「報仇……」，這個念頭持續不斷地一直下去，就叫作「統一的念頭」。

進一步，「我要報仇……」「報、報、報……」這時連「報」字也報不下去，「仇」字也念不出來，「我要」更是無法出口，而是停在同一個念頭上面，無法轉念，最後，連這個念頭的本身也消失了。彷彿海面上不再有波浪，甚至漣漪不生，只是一片寬廣無際、清澈明湛的感受，這時候，我們說，已由統一心而進入定心了，但仍然屬於守一的程度，意即守住定心。

對不起，「報仇」兩字不是好例子，請諸位不要上當。如果不能把念頭專注到只有音符而無意義，就會產生報仇衝動的後果！因此，帶有情感的字眼最好不用，而代以無意義的字，比如，參「無」字公案，就是一個例子。

三、守心

守心的本身是一種方法，是從制心、守一而產生的。五祖弘忍講到守心時，提到《遺教經》中的兩句話：「制心一處，無事不辦。」制心，是將散亂心變成統一心，再由統一心變成不動心，這是從制心開始而後達到不動心的歷程。不動心是離開動靜的差別，無心可動，亦無心可靜，這和定心不同。

世界上有什麼東西是不動的，同時又能夠作用的？只能拿明鏡勉強來做比喻。明鏡是不動的，但是由於外境在動，所以鏡面上所現的影像也隨之而動。因此，佛、菩薩或徹悟以後的祖師、禪師們，對眾生的需求，是依眾生所需要而給予的，眾生需要什麼，他們就給什麼；眾生需要聽何種法門，就說何種法門。所以禪的不動心，不是像木頭、石塊。若外表像枯木、石塊，很可能是在凝結心或統一心的狀況之下，此時，他們害怕離開了凝結心或統一心，而貪戀著它，因為那是相當愉悅的。

常有一些參禪打坐的人來問我，並告訴我一些他們自己在修行過程中，所經歷過的體驗，例如有人說：「我突然間失去了自己，然後有一種解脫自在的感覺，此時分別心停止了，請問法師，這是不是開悟呢？」

一般人都認為這是開悟，而我告訴他說：「不是，你只不過是從混亂的妄想心得到片刻的平靜，這時你的心裡會突然地失去負擔，當壓力、負擔的感覺喪失時，就會產生如釋重負的輕鬆解脫感。但是，你的心還是在動的狀態下，因為你還感覺到很舒暢，好像自己發生了什麼事情，如果是在不動心的情形之下，怎能感受到解脫呢？因此，我肯定地說，你的心依然在動。不過你能在散亂心中，得到短暫平靜的經驗，已很難得，但離開悟的路程還遙遠得很。」於是又問：「師父請告訴我，如何才能開悟？開悟的境界是什麼樣子？」我說：「禪師從來不告訴人開悟的境界是什麼。」

「守心」是經常不斷地守住「不動心」，當守住不動心時，涅槃法就自然顯現。涅槃法是不動法，也就是「自性清淨心」，「自性」是佛性、本性的意思。自性既然是佛性，佛性不動就產生不動心的作用，不動本身又叫作涅槃或寂滅，當佛性產生不動心的作用時，也就產生度化眾生的功能。

因此見性以後，是否能將見到的悟境永遠保持住，這是很不容易做到的。但是一次又一次地日積月累地恆常修行，就必須要做到「守一」的工夫；「守一」工夫達成以後，再就是「不動心」長遠的維持了，而「不動心」的永久維持，就成為「守心」。因此，「守心」涵蓋了「制心」的過程和「守一」的內容。

今天所講的題目好像深了一點，諸位之中是否有丈二金剛摸不到頭的感覺？還是已摸到一點點？金剛雖然高，但我們已知道這就是金剛，摸不到頭是應該的，因為你未成為金剛，也沒有丈二高。以上我所說的制心、守一、守心的道理聽懂了嗎？有沒有問題呢？

四、問答討論

問：《金剛經》中的無住生心是不是不動心？又「眾因緣生法，我說即是空」，既然是空，為什麼還有佛性？

答：無住生心是不動心；諸法無自性，是緣起性空，這是佛學上的理論。無自性是眾生無自性，無自性的空性即是佛性。

問：初念佛、持咒時，妄念紛飛，心很散漫雜亂，到後來念得較清楚，心的妄念較少，這時是默念呢？還是大聲念？

答：體力和心力堅強的人，頭腦清晰時不妨默念，疲倦昏散時宜用高聲。如果是體弱心弱者，疲倦了就默念，否則還是繼續不斷地大聲念。雖然因疲倦而改為默念，但佛號還是不停，相續不斷地念，停的僅僅是音聲，而佛號沒有終止。這還是用的制心法，也就是將念頭止在佛號上。因此，當念到一心不亂時，還是要仰仗阿彌陀佛的願力來接引；如果念到不動心的程度，就不需佛來接引，自性彌陀，唯心淨土，因為我們根本沒有離開過淨土，淨土就在眼前。所以，自宋朝以來，禪宗祖師們對於不能夠守住不動心的人，還是鼓勵他們禪淨雙修的。

（一九八四年九月三十日北投農禪寺禪坐會開示）

活路與絕路

活路或生路，是人人喜歡走的；絕路或死路，有誰願意走呢？其實，能夠不走絕路的人，又有幾個呢？先講兩個故事。

一、入地無門偏要來

一九八二年春天，在紐約的一次禪七中，有一位美國青年負責擦拭門窗的玻璃。中午的戶外，氣溫非常暖和，陽光也很明麗，當他打開一扇窗戶，正在擦拭之際，忽然兩隻肥大的蒼蠅，一前一後地穿窗而進，如入無人之境。

牠們不知道這是一條絕路，窗戶在擦拭之後，仍會關閉，而禪堂裡根本沒有為蒼蠅準備任何可吃的東西。那個美國青年，為了可憐這兩隻蒼蠅，便把禪堂前後的門窗統統打開，也把室內的照明設備全部用上，並且邀同其他兩個青年，加入了趕蒼蠅的行列；好多次蒼蠅只要直線前進，便可飛出室外，可是，每每一個轉折，又飛了回來，這真是「海闊天空君不去，入地無門偏要來」了。

結果由於打坐的時間到了，只好把窗戶關上，留客下來。隨後，在我們打坐之中，整個下午，那兩隻蒼蠅不斷地撞向門窗的玻璃，每次都發出「篤篤」的聲音來。傍晚時分，牠們已筋疲力盡，動作呆滯地停在窗框的下沿，我叫那位美國青年，開窗把牠們放走。可憐牠們原以為禪堂裡別有洞天，有美食可吃而生龍活虎般地闖了進來，想不到卻走入絕境，弄得奄奄一息，若非人助，幾乎要送掉老命。

蒼蠅無知，所以如此，萬物之靈的人類，竟然也有不少類似的例子。

二、笨蛾撲火

我於一九七八年，在紐約成立禪中心不久，有一位從事音樂工作的學生，帶著他的同事來看我。他的同事已三十多歲，一副煩躁怨憤而無可奈何的模樣，看來頗覺可憐，又略帶一些滑稽的味道。見了我第一句話就是問我：「你看我是否適合出家？我不適合過家庭生活，所以很想出家。」

接著他告訴我，他已先後有過幾位同居的女友，其中一位也替他生了一個兒子，已經十四歲。他從少年時代起，即追求完美、幸福、理想，他接觸過不少的女性，僅有幾位差強人意，然在同居數年乃至僅僅數月之後，完美、幸福、理想的幻夢，便告破滅。所以更換了幾位同居的女友，最先總以為好運正在等著他，每次的結局，都使他焦頭爛額痛苦不堪！這次跟最後一位女友協議離異之後，發覺他是不宜過家庭生活的。

我聽完他的敍述之後告訴他：「你更不適合過出家生活。」

「為什麼？我已無家無累，我對女性已經厭倦。」

「不，你有家累，只是希望逃避家累；你也不能沒有女性，只是你沒有真的知道女性的重要在哪裡。」

「那不是事實，我可以過完全的獨身生活。」

「能夠過短期的獨身生活，並不等於適合過出家生活，你且好好考慮吧！」

兩年之後，他懷中抱著一個不到半歲的男嬰，並且帶著一位法國女士，來禪中心看我，說是來感謝我兩年前對他的啟示。他已在法國找到了理想的伴侶，是一位賢慧的女教師，懂得生活，也懂得藝術，他感到幸福之神已經降臨。我在為他們祝福之餘，又贈送他兩句話：「世間處處是完美的，如果你能給予幸福而不是摘取幸福的話。」

當時，他正在幸福中，所以未能聽懂「給予」和「摘取」的差別何在。又過了不到一年，他再一次地帶著煩躁怨憤而又無可奈何的模樣，來向我訴苦，他將那位法國女士，說得一無是處。末了見我沒有反應，他才自責地說：「也許我太自私了，但我已經無法忍受了。」

「可不是？西方人說，純正的愛是犧牲而不是占有；佛法的慈悲，是救眾生離苦，並給眾生幸福。自私的追求，其結果必然是痛苦。」

「我已顧不得什麼叫純正的愛，至少從今以後，我再也不想也不敢去惹女人了。」

「我相信你的話，但你做不到。對於女性而言，像你這樣的男人，也是非常可怕的。問題不在於誰更可怕，乃在於彼此相互地要求，是否平衡合理。更要緊的是，必須承認彼此都是普通人，從肉體到心智，都不可能使人永遠感到完美無缺。如何檢點自己並寬待對方，才是維持平衡的有效辦法。」

「我不能保證今後會怎樣，至少現在的我已無法接納任何女性。甚至聽到朋友之中，有人要訂婚或結婚，都覺得又是一對笨蛾，投向火焰去了！」

他離開了那位法國女郎，不到半年，又攜同另外一位女士，到禪中心聽我演講。我為他們的結合祝福，同時點醒他們：「當做平凡的普通人，勿做理想主義的笨蛾。」其實像這樣的笨蛾，可說比比皆是，不論是為了情欲的滿足，或是為了財富、虛名、權勢得失，又有幾人能夠不受影響而逍遙自在的呢？

三、一枝草一點露

另有一位中國太太，來到農禪寺，向我抱怨她的孩子難以管教，而引佛經句說：「家庭真如牢獄。」我則勸慰她說：「那要看你以什麼樣的角度來看你的家庭了，如以情結的糾纏或恩怨的牽扯而言，家庭的確如牢獄；若能以你府上的老老少少，都是來成就你慈悲心和忍辱行的菩薩而言，家庭豈不是最好的修道之處嗎？」可見，絕路、活路，天堂、地獄，生死、涅槃，皆不出我們的心念所見和心向所指。

若從禪的立場來講，活路與絕路之說，都是戲論；既無一條是絕路，也無一條是活路。世人追求的活路，往往都是自投陷阱、自掘墳墓的愚行；世人逃避的絕境，往往又有峰迴路轉、塞翁失馬的際遇。

在一般的凡夫，一定是先找活路，為自己找活路，那便是追求幸福的婚姻、美滿的家庭、稱心的工作、如意的事業等等；為後代找活路，便是期望兒女成龍成鳳。據說，日本有一所被稱為「名門」的大學，不僅從幼稚園以至大學院研究所的體系完整、規模謹嚴，尤其還有幾個大工商財團，做為建教合作的後盾。若能升入該校的大學部，便等於獲得了保障終生的鐵飯碗，所以有許多父母，想盡辦法要把子女送進那所大學。此在中國，為了教育子女，自古即有孟母三遷的範例。

又由於中國人的時間觀，不重視個人的生前與死後，而是講求一代代的血統相傳，所以後代子孫，不得辱沒自己的祖先，若由於子孫不肖而祖先挨罵，是奇恥大辱。做祖先的，為了子孫綿延，就特別重視葬身塋地的風水選擇。只要子孫繁衍，便是列祖列宗的延續，便是宗族生命的活路。

學佛者的時間觀，則係以各自的個人為準，通過過去三世，未來三世，及現在三世的時間流程，來看造業受報的現象，來看生死解脫的關鍵。向下墮落三塗，是絕路，但在報盡之後，仍有生路；向上超越三界，是生路，若以禪法鍛鍊而言，卻必得先走絕路。

不論是為子孫綿延，或為超越三界，都是常人所以為的活路。中國人的子孫綿延，僅是宗族的血統延續；學佛者的超越三界，是個體生命價值的無限擴展。但其兩者之間，也有相同的要求，那就是除了企求走上活路為其主因之外，也得付出不斷努力的代價為其助緣，否則成佛是妄想，風水再好也無意義。

四、福地福人居

根據名勘輿學者李易濃先生說：1.必須積功累德，2.生辰八字，3.地理風水三者的配合，始得富貴壽考。

此所謂「積德」，即是現生的努力奉獻；所謂「生辰八字」，即是由於往昔的功過所感得的此生果報；所謂「地理風水」，即是獲得天地自然的和順。可見，真要希求子孫的昌隆，也不是光靠墓地風水可以決定的了。

風水的陰宅，最難求的是有五色土的太極穴，無德者縱然請到名家，也找不著；縱然找著了，還須從自己，乃至代代子孫都要大積功德，如此才會保留下來。否則的話，即使已經找到五色土，也會由於大水、山洪、地震，乃至人為因素而被破壞或流失！甚至那副被葬於五色土上的遺骨，也會被沖走或湮沒。由地形地物的改變，風水便不可依恃了，最可貴的還是在於積德修持。

每一個人，都各有各自的前途擺在前面，中國人的思想是以肉體血統代代相傳的因果觀為主。

佛法是以各人對各人自己的善惡行為要負全責的因果觀為準。佛法的因果觀，跟各自的父母、祖先也有關係，但那是由於各自往昔所造的善惡業力所感。所以，子孫與父祖之間，一定有其關係，乃是同類的業，感同類的果。至於子孫的前途，則要靠子孫自己的努力與否來決定。

五、上窮碧落下黃泉

依佛法講，不論是浮是沉，在生死或出三界，每個人都有他的前途。下地獄、入鬼界、上天堂、轉生畜類、再世為人，這也是前途啊！而且都是活路，因為進了地獄，罪報盡時，還會出來；上了天堂，福報盡時，還會下來。六道流轉，無一不是活路，不過活得苦多樂少，了無盡期而已。可見活路，未必是好路。

能在活路之中，時時抱著前途有望的信念，不斷努力，才是真有遠景可觀。屋漏又逢連夜雨，此時，除了修葺漏屋，也當有明日天晴的希望來作安慰，那便是時時承受現在，努力於現在而期待著未來，此為最安全的活路。若對現在怨恨，又對未來失望，那雖也有前途，對一般人而言，卻是絕路而非活路了。

有一年，我在紐約過冬，冰天雪地中，見有一隻小鳥在禪中心的後院裡，勤奮地找東西吃。有一弟子問我：「師父，這鳥整天在吃，怎麼吃不飽呢？」我說：「你不知道，牠根本沒有吃到什麼，僅是探索著是不是有東西可吃。牠沒有那麼好運，每啄一下，都能獲得滿口的食物。」

我們人類也不例外，經常在嘗試摸索著。從嬰兒時代知道飲食可以療飢止渴開始，就會亂抓東西，塞進嘴去，能吃即吃，不能吃便吐。長大之後，為了學習謀生技能，便會將尋覓的、嘗試的觸角，一次又一次地向四面八方伸展出去，試試看能得些什麼。有些美國人來到紐約道場，目的只是看看能不能讓他們得到一點什麼；他們不知道修行佛法的路怎麼走，修行了又能有多少好處，所以要來找找看。

閩南語稱找工作為「找頭路」，是很有道理的。頭路的意思應當是頭一條路、第一好的路，這本是標準的漢語，我的家鄉話也叫「尋頭路」。以佛法來講，三界的六趣是地獄、餓鬼、畜生、阿修羅、人、天，共為六道；出三界的四聖法界，是聲聞道、緣覺道、菩薩道、佛道。道字在英文被譯作 way，是路的意思，十法界都是路，但看眾生選擇什麼路。

路有許多種，凡是使物體活動的軌跡都是路，例如：陸路、水路、空路等。心念的活動，則是心路，是精神生活的內容，即所謂心路歷程。人在初生之時，便開始了心的活動，如有正確的方向，便走上善道，乃至聖道、佛道。

六、天網恢恢

近幾年來，臺灣的倒債風氣很盛，違反票據法的人很多，經濟犯罪的案件層出不窮，往往一倒就是幾千萬（現值每兩黃金是一萬七千元），乃至幾億、幾十億。其中有些人是經營不良而賠累太多，尚非出於故意；有些人則係出於預謀，一心想發財，甚至相信一種歪理說「人無橫財不發」，以為發了財，一切事都能解決。

其實，那些預謀倒債而又逃債的人，結局是不會好的。我們看報紙上說，今年春天有姓陳的兩兄弟倒債一億多，帶著孩子們跑到菲律賓，結果五、六個稚齡孩子被殺，他們兩兄弟夫婦也失踪了。有一位姓鄭的年輕人，倒債數億，逃到美國去，結果在美國加州的豪華住宅中，趁他外出時，有人開了卡車來，將他所藏價值數百萬元的寶物，做了大搬家；他自己又非法居留而被美國移民局驅逐出境。

臺北的士林，有一個專門經營打會而被稱為「會仔王」的太太，一倒數億，便全家移民到美國去了，結果她的先生偷溜回來看看，就在機場被司法機構逮住了。像這種因果昭彰的例子很多。雖然也有不少人，在倒債而逃去國外之後，再也找不著他們；但殊不知逃了今天，逃不過明天，逃了今生，豈能逃過來世？今生尚可用人身來受報應，到了來世，恐怕要用地獄、餓鬼、畜生等的身體受報了。有些人為了逃債，便不敢面見任何從臺灣去的人；有些人帶著財物到了外國，時時恐懼遭遇搶劫，或在藏身之地，經常受到黑社會人物勒索，使得他們有天下之大竟沒有容身之處的感嘆。這究竟走的是活路，還是絕路？

七、千古艱難唯一死

找活路已知道了，現在講如何找絕路！「山窮水盡疑無路，柳暗花明又一村」，還有「絕處逢生」、「背水一戰」、「破釜沉舟」，這些都是走絕路的例子。背水而戰，是名將用兵的奇招，因此，中下乘的佛法，教人走活路；最上乘的佛法，便教人走絕路。

禪法即是最上乘的佛法，禪的訓練，便用奇特的絕路法門。也許你們已聽說過，來我們這裡打禪七的第一個要求，便是要有「大死一番」的心理準備。死什麼？是死掉一切的依賴心、期待心、得失心、欣厭心、畏懼心、貪著心、追求心等。想要開悟，便不能追求開悟；若不能大死，就不能大活。

不過，請勿誤會，不可以為自殺死亡，便是開悟的禪修方法。我在美國主持的某次禪七之中，因為也要求參加的人大死一番，結果有一位太太，在禪七的第二天，就開始不飲食，也不睡覺。我問她：「你做什麼？」她說：「師父不是教我們大死一番嗎？我是準備好了來死的，家裡的事，已做了安排，所以請師父成全我。死在禪七中是大死，死後可以大活呀！」

我說：「你這樣死，叫作枉死、蠢死，有什麼用！」這是因為她會錯了意，禪修的死，不是肉體的死亡，乃是死掉攀緣心和執著心。禪修之際，心不念過去，不想未來，不住現在，便是心的大死；大死之際，即是從煩惱獲得自由解脫之時，便是大活，即所謂悟境的顯現。

前天，我去臺中看專門主持精進佛七的煮雲老法師，他看到我身體很虛弱，又聽說我當時的低血壓只有五十度，高血壓九十度。他便說：「我們是好友，你要多保重啊！」我說：「因為我們是好友，我死在你之前，能有一位知己朋友替我送終，為我說法，尚有何求？」他便急著搖頭說：「你不可講這種話！」我說：「我還沒講以前，你已先講了。」

其實，當我們出生之時，即已確定了死亡的必然性，怕死豈能不死！只是在未能自主生死之前，任何人都不免貪生怕死。唯有大修行人，能夠不怕死亡，並且要大死一番。千古艱難唯一死，常言：「歹活勝於好死。」那是由於不知死後究竟會到哪裡去。

八、寂寞沙洲冷

修行人的死，不在於肉體，乃在於貪生怕死的心念，故有「打得念頭死，許汝法身活」的警語。打得念頭死的方法，可有兩種：一是一時頓斷，一是漸修漸斷；禪觀的方法是屬於後者，參禪的方法則屬於前者。唯其不論是頓是漸，只要死卻妄念，便見真性，便是清淨的智慧現前。

杜絕攀緣心，即是「打得念頭死」。所以南泉普願禪師主張「不是心、不是佛、不是物」，他以為「大道無形，真理無對，所以不屬見聞覺知」。德山宣鑒禪師主張「無心無事」，又說：「更無生死可怖，亦無涅槃可得。」臨濟義玄禪師也主張「無一念心，希求佛果」，又說：「若欲作業求佛，佛是生死大兆。」可見凡造善惡諸業，無非生死中事，縱然企求成佛做祖，也是生死中事。若攀緣心不滅，便無出生死期。

生死有兩種：1.凡夫的分段生死，2.聖者的變易生死。離分段生死，即出三界火宅；離變易生死，即能圓成佛果。唯有滅絕煩惱無明，始可活現無染的空慧；所以唯大死者能大活，貪生怕死之徒，便與禪法無緣。

高明的禪修者是教人走絕路的；此所謂走絕路，是不讓你有迴旋的餘地，不讓你有轉念的機會。在禪法的訓練過程中，要使你不僅處於前無宿店後無村落的孤伶狀態，而且要使你感到面前是筆立萬仞的銅牆，背後是千丈懸崖的鐵壁；頭上是泰山壓頂，腳下是火山上湧，四面八方都來向你壓迫。此時的你，除了捨下身心，別無選擇的餘地。

禪的修行者，不僅置肉體的生死安危於度外，連內在的心念，也要用方法把它擠成粉碎。唯有斷絕了一切的活路，你才肯放下人我是非等妄想分別，庶幾能與禪境相應。

禪的大修行者，不貪生之可樂，也無畏死之可怕。以無取、無捨、無畏、無怖的心，來修絕路的禪行，才會有開悟的可能。當然，要想走上這條絕路，也得先走基礎訓練的活路。

（一九八五年二月十七日北投農禪寺禪坐會開示，周果定居士整理）

最上一層樓——禪宗戒定慧的三個層次

如眾所周知，禪宗是不歷階次的頓悟法門，六祖惠能大師，稱之為最上乘。禪門修行，直截了當，開門見山，所以深受一千三百年以來的中國人所服膺，近數十年來則亦受到歐美社會的歡迎。

在講正題之前，先介紹一則故事。根據《百喻經》卷一記述，過去有位愚癡的富翁，到朋友家訪問時，見到那位朋友府上有座三層樓的建築物，高曠壯麗，氣派非常；特別至第三層樓，俯瞰四方，感到視野廣闊，風景明媚。他在羨慕之餘，便召來工匠，在他自家的地上，建造樓房；但是他命令工匠，不准先建造第一層及第二層，他要的只是最上面的一層樓。世上有許多聰明人，投機取巧，走捷徑、求頓悟，也可用這則故事裡的主人翁來比喻。

在講禪宗的戒、定、慧之前，先將世間的道德律配上戒、定、慧的三原則，說明如下：

（一）身不做害人之事，口不出損人之言，是戒的範圍；潔身如玉，誠信不欺，是戒的精神。

（二）威武不屈、貧賤不移、富貴不淫，是定的範圍；顏回三月不違仁，柳下惠坐懷不亂，是定的精神。

（三）先覺覺後覺，後覺覺不覺，是慧的範圍；輕生死而重仁義，為全體大眾的利益而犧牲奉獻出個別的自己，是慧的精神。

佛法所講的戒、定、慧，即以一般的通常佛法而言，亦各分為三個不同的層面：

（一）戒有三等：1.一般凡夫遵守的「別解脫戒」，如五戒乃至比丘、比丘尼戒及菩薩戒。2.已經修成禪定者，在定中自然守持的「定共戒」。3.已經證得了聖果者，自然永不作惡，名為「道共戒」。

（二）定有三等：1.凡夫外道所得的「世間定」，2.小乘聖者所得的「出世間定」，3.大乘禪者所得的「最上乘定」。

（三）慧即智慧，依《楞伽經》，亦分三等：1.世間智，2.出世間智，3.出世間上上智。

戒、定、慧三學，都是由淺至深，由方便至究竟，各有三個層次。可是，最低層次是最高層次的基礎，到了最高層次，必已含有各低層次的內容。若從低層次的立場看，戒、定、慧三者，雖如鼎三足，有聯合的整體作用，但卻可以個別獨立，分頭修持。若從高層次的立場看，雖有戒、定、慧三種不同的名稱和功能，卻是三位一體；三者之中，任舉其一，即可同時得到三者全部功用。

根據《六祖壇經》及《景德傳燈錄》兩書所見的資料，禪宗對於戒、定、慧的看法，也可分作三個層次：一、大乘法門，二、頓悟法門，三、最上乘法。現在我試做介紹如下：

一、大乘法門的戒定慧

禪宗在五祖之後，神秀在中國北方、惠能在中國南方各自代表一種禪風。

北方的神秀禪師，受朝廷的尊敬供養，自則天武后、王公以下的京師士庶，向他禮謁膜拜的人，日有萬計。中書令張說向他執弟子禮，並對人說：「神秀禪師，身長八尺，厖眉秀目，威德巍巍，乃是王霸之器。」因此，他的弟子之中，即有人以此門第的身價自傲，並對南方的惠能禪師，有所不屑的評議了，比如有人說：「南方有個不識字的惠能禪師，也在弘揚禪法，真不知道他有什麼能耐！」

此種譏評，傳到了神秀耳中，覺得他的門下太無禮了，便糾正大家的觀念說：「惠能禪師已得無師之智，深悟上乘法門。我也自知不如，否則，五祖弘忍大師，豈會輕易地將衣法傳給了他呢？我自恨不能遠去親近，由於虛受國家恩典，住於京師的玉泉寺。倒希望你們不要老是留在我的跟前，如能前往曹溪，向惠能禪師參學，必有收穫。」

因此，神秀派了一位聰明多智的弟子，名叫志誠，為神秀到曹溪去聽惠能說法。志誠到了曹溪，向六祖稟明了來意，並敍述了神秀教人修行的方法。六祖便問：「我聽說，你的師父神秀，以戒、定、慧法教示學者。告訴我，他對戒、定、慧的修持方法是怎麼說的？」

志誠回答：「秀大師說：『諸惡莫作名為戒，諸善奉行名為慧，自淨其意名為定。』未知和尚您老人家是以何法教誨學人？」

神秀所教的戒、定、慧，屬於佛法中的基礎法，是大乘的共通法，是從〈七佛通誡偈〉的轉用；過去七佛，都曾說過一個偈子，用以教導眾生，那便是：

「諸惡莫作，眾善奉行，自淨其意，是諸佛教。」由此可知，神秀的禪法，是用過去七佛以來的通佛法，做為基礎的。

至於惠能大師的法門，當然要優勝於一般法，因此他開示志誠：「你師父所說的戒、定、慧，實在不可思議。不過，我所見的戒、定、慧，與此有別。」志誠問：「戒、定、慧，是佛法的三無漏學，只有一種，豈會別有不同？」

惠能大師說：「你師父說的戒、定、慧，是接引大乘人的；至於我說的戒、定、慧，是接引最上乘人的。」

為什麼惠能大師是接引最上乘人呢？因為他說：「我所說的法，常不離自性，若離自性，即是離體，離體說法，便是說的有相法，而使自性常迷。」

南宗禪是無相法門，《金剛經》宣說無相法門，《六祖壇經》的敦煌本，有「無相懺悔」、「無相三皈依戒」、「無相滅罪頌」、「在家修行無相頌」等，可知惠能大師處理任何問題，都依自性，而不取法相。神秀是教人依相修行，漸漸完成，最多只接引大乘根器的人；唯有像惠能那樣，教人離相修行，方能不假方便，頓見自性，所以專接最上乘人。

現在神秀大師所見戒、定、慧的內容，說明如下：

(一) 諸惡莫作名為戒

要求戒行清淨，是佛教徒自我約束的基本原則。戒行可因身分而有在家、出家之別；出家戒也有大小之分與男女之異，所以不持戒即名為惡行的標準，便有寬嚴輕重的不同。此處所說的「諸惡莫作」，應當解作：凡是做了障礙成佛的事或與無明相應的事，都是作惡，都是戒行不清淨；而從凡夫以至聖位菩薩，均宜防止煩惱無明的生起，稱為持戒。而且要像神秀禪師所說：「時時勤拂拭，勿使惹塵埃。」只要惹上一點煩惱的塵埃，便成破戒。

小乘戒，重於身、口二業的行為，大乘戒則更重視心意的趣向，只要一念與煩惱心的貪欲、瞋恚、邪見相應，便算戒行不清淨，更何況形諸於身、口二業的實際惡行。所以六祖讚歎神秀之說可接引大乘，可惜後世的狂徒，連神秀的要求都未摸清，竟大言不慚地以最上乘人的根器自居，而輕忽形式齋戒。

(二) 諸善奉行名為慧

行善的標準，可淺可深，可大可小。若據大乘菩薩行的要求，持五戒、行十善，乃至比丘戒，均非善行。也就是說，做一個守法重紀的人，乃是公民應有的本分事；獨善其身而僅無害於人者，豈能算是善行？

菩薩行，以利益眾生為先決條件，做一切事，修一切法；若不能利益眾生，也不為利益眾生，便不能稱為菩薩的善行。可見，一切的人天善法，乃至小乘的出世善法，只是方便的淺善小善。唯大乘菩薩的純粹利他或救濟眾生，才是真正的深善大善。所以修行大乘法門的人，自凡夫以至成佛，一言一行，無一念不是為了利益眾生；若為利己，豈名大乘？

利濟眾生，是基於慈悲心的流露，真正的慈悲，必從真實的淨慧產生。慈悲的利他行，和智慧的抉擇力，如車之有兩輪，如鳥之有雙翼。沒有智慧為引導的慈悲行，會有所偏差，甚至產生相反的效果；盲目的愛心，不能算是慈悲。

智慧的功能，對於自己是斷除煩惱，空去執著；對於眾生是隨機攝化，有教無類。因此，能斷一分煩惱我執，便顯現一分智慧；多顯現一分智慧，便增長一分救濟眾生的能力。神秀大師說，能夠奉行一切善行，名為慧者，應該是大菩薩的大慈悲行；普通凡夫，甚至不能明白善惡的界限，豈能做到「眾善奉行」。

（三）自淨其意名為定

從根本佛教或原始佛教的觀點而言，心、意、識三者不可分。識是意的分別作用，心是意的出發處，也是意的歸屬處。〈七佛通誡偈〉的「自淨其意」，實有淨諸煩惱無明而成正等正覺（佛）的意思。

若由大乘佛教的觀點而言，心分真、妄二義，真心是清淨的如來藏心，或稱為佛心，或稱為真如；妄心是煩惱無明，或貪欲、或瞋恚、或愚昧，皆是妄心。真心由破無明而顯現，妄心通過意識而活動；所以若就大乘說「自淨其意」，只是淨其意識的活動。

意識中止活動，也有不同的等級，暫時的、較久的、永恆的，情況不一。一時一刻的心中不起壞念頭，不動歪腦筋，不算意清淨。一時間心中寧靜，不雜不亂，住於一念，這是修定得力的現象。止於一念，而將時間縮短、空間擴大，這是粗淺的定境；止於一念，而失卻時空的感受，這是深細的定境。心念頓斷，自我中心頓失，這是進入滅受想定（超出三界生死範圍）的解脫境界了。

依大乘的唯識觀點而言，第六意識轉成妙觀察智，便是意清淨。又依天台宗說（眼、耳、鼻、舌、身、意）六根清淨位，斷見、思二惑（身見、邊見、邪見、戒取見、戒禁取見，為見惑；貪、瞋、癡、慢、疑，為思惑），已與小乘教及大乘通教的佛果相等。也就是說：若得意淨，不論大乘、小乘的立場，都已承認是位階聖域的人了。可知，要得「自淨其意」，談何容易！

這種觀念，在禪宗，也不是神秀的發明，四祖道信大師的〈入道安心要方便門〉早就說過：「常觀攀緣、覺觀、妄識、思想、雜念、亂心不起，即得麁（粗）住。若得住心，更無緣慮，即隨分寂定，亦得隨分息諸煩惱。」這是講修定的初步方法，便是從意念上，用觀行、止亂心、得住心（習定者所得定境，分作九階，稱為九住心：安住、攝住、解住、轉住、伏住、息住、滅住、性住、持住），住心的功用漸增、定力漸強，意識的煩惱，也就漸漸息滅了。

四祖道信之後，也不僅神秀一人弘揚〈七佛通誡偈〉，牛頭系的鳥窠道林禪師，也因白居易問他：「如何是佛法大意？」而答以：「諸惡莫作，眾善奉行。」

白居易本想從道林禪師口中，得到一些高深的禪意，結果頗覺失望，而謂：「三歲孩兒也懂得這個道理。」道林禪師說：「三歲孩兒雖道得，八十老人行不得。」白居易聽了，始覺滿意，作禮致謝。

以神秀與道林等人為代表弘揚的禪法，是與一般的大乘法門相通的，所以惠能說，神秀接引大乘。

二、頓悟入門的戒定慧

依據《景德傳燈錄》卷二十八的記載，六祖惠能大師，曾有少年弟子神會向他請示：「戒何物？定從何處修？慧因何處起？」

惠能大師的回答是：「定則定其心，將戒戒其行，性中常慧照。」此與《六祖壇經》所見的解釋不同，與一般所講三學的次第也不同。此處有心可定、有行可戒、有慧照於性中，故與神秀的見解不相上下，與《六祖壇經》的角度，則頗異趣。

依《六祖壇經》中玄策禪師所見的定，既非有心、亦非無心，若亦不見有無之心，才是大定。若有心可定，有定可入，即非大定。

六祖自己也由於智常禪師問三乘法，而以有相與無相為依準，說有四乘差別之法：「見聞轉誦，是小乘；悟法解義，是中乘；依法修行，是大乘；萬法盡通、萬法俱備、一切不染、離諸法相、一無所得，名最上乘。」

有相之法，最多是大乘，唯有離相，始為最上乘的禪法。他既以有心、有行、有慧答神會禪師，當然未離大乘的範圍。可是，他先說定、次說戒、後說慧，便不同於一般的通佛法，應該引入頓悟的初門方便。

以定定心，為首要的修行條件，只要在定上得了力，便不愁戒行不淨。實際上，戒律除了根本的「殺、盜、淫、妄」四大原則是不可動搖的之外，其他條文曾有因時而異、因地而異的爭論。所以百丈懷海大師創建叢林規制時，對於印度傳到中國的大、小乘的戒律細則並不重視，唯立僧堂坐禪、樹法堂表法，這也就是頓悟法門的特色之一。

三、最上乘法的戒定慧

南宗禪之異於北宗禪的特色，是在於不先修戒、定，著重於智慧即是大定；也不以為由定發慧，以及先慧後定之說為正確，凡是有出入的、有心可用的禪定，不論小乘、大乘，都不能為惠能大師所取。

南宗禪的宗旨，是令修行者直接從般若行修起，六祖惠能說：「前念著境即煩惱，後念離境即菩提。」又說：「摩訶般若波羅蜜，最尊最上最第一，無住無往亦無來，三世諸佛從中出。」又說：「從一般若，生八萬四千智慧。」他所主張最妙的修行方法，便是一行三昧，一行三昧的修法，便是：「但行直心，於一切法，勿有執著。」「常離諸境，不於境上生心。」這種三昧，乃是定慧不二、即定即慧的般若行。他說：「定是慧體，慧是定用，即慧之時定在慧，即定之時慧在定。若識此義，即是定慧等學。」

其實從《六祖壇經》的內容來衡量，惠能大師是以慧為定、定在慧中的，所以主張不離日常生活的行住坐臥，行一直心，自利利他，作大修行，毋須「住靜觀心」，毋須先求入定，故名為頓，故名為最上乘。

因此，惠能大師對於戒、定、慧三學的定義是：「心地無非自性戒，心地無癡自性慧，心地無亂自性定。」若能不於境上生心，也就是當我們面對現實的環境時，能夠不為環境的順逆好壞所牽累和影響，清楚地面對現實的環境，而又能夠不受所動。那是因為心已能夠做到六祖所說「無念」、「無相」、「無住」的程度，即已見到清淨無染的自性，此自性，即是心體，名為「心地」。此心的自性，雖然「無念」、「無相」、「無住」，卻能生起廣度眾生的功用，所以叫作「心地」。

「心地」清淨無染，亦無是非，即是無染無非，便是戒行清淨，稱為自性戒，即是三類戒中的「道共戒」。「心地」離一切境，得大自在，無礙解脫，此係智慧的功用，稱為自性慧；自性慧中，兼有自利的根本智，及利他的後得智，此即《楞伽經》所說的「出世間上上智」。「心地」不於境上起執著，不著有無、染淨、生滅、來去、增減等相，所以即是離諸亂相的自性定，也是六祖所說的「最上乘」定。

毫無疑問，惠能大師所指示的，是讓大家直登最上一層樓。他教人勿要把時間和精力，浪費在第一層樓或第二層樓裡面，要把整座的三層樓房，給自己充分使用；既然擁有整座的樓房，當然具足了整座樓房的財產和功能。

頓悟的禪法即是如此，它是最上乘，是明淨的心地、清淨的自性。用頓悟法門開悟清淨的自性，自然顯現之後，心同陽春白雪，不染纖塵，當然已不受三乘的戒、定、慧所限止。如果是一個沒有實際修證工夫的人，心中尚充塞著我貪、我瞋、我癡、我慢、我疑等的煩惱，而竟自以為是守持自性戒、已得自性定、已見自性慧，那就變成以作惡為持戒、以散亂為禪定、以愚癡為智慧了！

（一九八四年十月十四日北投農禪寺禪坐會開示）

狹路相逢

剛才從文化館下來農禪寺，馬路上都是車子，短短的路程，要花好長的時間通過。在臺北市，有好幾條交通要道，每當上下班的尖峰時刻，放眼一片車海，交通因而阻塞，大小車子只好以牛步前進，即使彼此猛按喇叭也無濟於事。

我有一回從北投上臺北，計程車司機說大路會塞車，便穿過士林市區的小路走，以為人少可以快些，但是既有這位聰明的司機，也必有其他聰明的司機，我們的車在小街上不但車多人也多，他轉過來轉過去，三公尺一息，兩公尺一停，邊開車邊罵：「豈有此理！為什麼這麼多人？」聽到路人也在嘀咕：「計程車怎麼這時候開進市場來了！」這是狹路相逢，彼此成仇。路本無廣狹，難以通過便是狹路。我曾在禪宗語錄上，看到「狹路相逢」這句話，意指在修行的路上，會遇到狹路而難以通過。這可分作兩個層次來說明它。

一、好事多磨

俗話說：「好事多磨」，成就一樁世間好事，尚且要費盡心力，突破重重困難，何況是修行？修行路上，從薄地凡夫到成佛，一個障礙接一個障礙。有時障礙確實存在，有時是自己一邊走，一邊製造障礙，而使自己必須跌跌爬爬地通過這些障礙。

有一次，我上樓梯，有人喊：「師父！」我一回頭，差點向下摔倒，原因是踩著了自己所穿的海青的下襬。可知，有身體就有障礙，有心念就有障礙。

修行人就怕自己不反省自己是凡夫，福德淺薄、智慧不夠、煩惱障重；當常以聖人的境界心嚮往之，而不要以為自己就是聖人。要求凡夫立刻沒有煩惱是不可能的；但能夠知道慚愧，願意修行，並盡力而為，這便是負責任的態度了。

煩惱來時，不要害怕、不要討厭，讓它煩去，自己不煩，久而久之，煩惱會愈來愈少。有人要跟煩惱鬥，那將更加一層煩惱。用意志力也許可以戰勝煩惱，但這只是暫時的，好比用石頭壓草頭，強勁的煩惱草根，還會從旁的縫隙間冒出來，或者石頭移開後，草依然茂盛。

在修行中的懺悔法門，便是要讓積壓的煩惱露出來，好比出清一個千年的廁所，必須先洩其臭氣。事實上，人心中所積藏的無明癡闇，豈止如千年古廁，乃至是億萬萬年以來的老廁所，裡頭的貪、瞋、愚、癡，既髒且臭。開始修行就是將它打開，讓它風吹日曬；雖然最初之際，是臭穢難當的，但時日一久，臭氣自然消散。修行人不能不面對事實，你希望一個茅坑是清潔的，不應該臭，這已經違反了常理。

修行，要什麼都好，隨境而安；任何煩惱境界出現，都不要理它，既不拒也不迎。境界好比五月天的蒼蠅，日本話叫作「うるさい」（討厭），愈想趕牠走，愈覺得討厭。你揮一揮，牠飛兩轉，你一停手，牠又回來了，繞著你的臉上、身上嗡嗡作響。據說，釋迦世尊在樹下長期坐禪修行之際，鳥兒看著他的頭髮軟軟的，便在他頭上做了鳥窩、生蛋、孵小鳥、拉屎；佛是知道的，就是不管它，結果修成了無上正等正覺的佛道。所以修行時，遇到障礙，以不排除為原則，不以障礙為障礙，不將障礙當作對象來破除。

二、峰迴路轉

在學著修行期間，如果遇到了障礙，需要過來人幫忙，需要師父的指導，師父會告訴你應該怎麼辦。

有人在打禪七時，老打妄想，我就叫他不用方法，專門打妄想。他說在家中就可以打妄想，何必來打禪七，我說不一樣，一個是打禪七，一個只是打妄想；禪七中打妄想是蓄意的，日常生活中打妄想是隨意的，是不知不覺地在打妄想。結果，這個人打了幾天妄想，跑來告訴我：「師父，我沒什麼好想的！」

另有一個年輕人，禪七期中，老是放不下媽媽的影子，我就教他想媽媽的面孔，想媽媽煮的菜，想媽媽罵人、嘮叨的樣子等等。結果他一樣也說：「師父，我已把媽媽想過千百遍了，就是這麼多了，再也沒什麼可想的了。」又有一個人老是打瞌睡，修行是不可以貪睡的，但老是想睡，也許真的讓他睡一覺就好了。師父會看你的情形而給予適當的引導。

有一位太太，在禪七中坐得一炷好香之後，因某種原因，好的情況就消失了。她很懊惱，我告訴她，過去的已經過去了，不必希望它再來。女孩子十八姑娘一朵花，但她必然會長到十九、二十歲，乃至三十、四十歲的，日子過去了，就讓它過去，時光既不可能倒流，經驗也不求其重現，你希望它再來，本身就是一種執著，這是內心中修行的障礙。障礙有順緣、逆緣，有障礙是好現象，表示你在修行。在狹路不通時，不要拼命鑽，停一停，必然會有峰迴路轉之機的。

所謂不得力處，正是得力處。自己知道修行不得力，可能你已經得力了，只是你自己不清楚罷了。或者，你既然還能知道自己不得力，顯然你是在修行中。反過來說，自以為修行得力的，很可能有問題。《金剛經》說：「凡所有相，皆是虛妄。」有所發現，有所執著，以假為真，或得少為足，也都是修行的障礙。

只有兩種人是沒有障礙的：一是修行圓滿的人，感覺走在一條無邊無垠、寬闊平坦的大路上，無一處不是路，根本沒有障礙；一種是沒有開始修行的人，因為沒有修行，也無從發現障礙。對修行人而言，處處荊棘、處處障礙，而處處難過、處處過，才是修行者的正常態度。

禪的修行，不僅是狹路，乃是一條無頭路和絕路。但只要你走上了路，走著走著，會自己走出路來的；所有禪宗祖師們走過的路，是他們的路，不是我們的路，自己的路要靠自己來開創。

我們從書本所見的，由耳朵所聽聞到有關修行佛道的法門，只能說是前人的一些經驗，僅供我們做為探路的工具，或是地圖上的路線，被稱為修行的方針及方法而已。有人說「條條道路通羅馬」，又有說八萬四千法門，門門通向涅槃城，其實不盡然！於禪的初修者而言，那路是不通的，門也是關著的。

諸位有過爬山的經驗嗎？原始山林，根本無路可走，當你撥開雜草、荊棘、葛藤，或沿崖邊或沿小溪，便會走出一條路來。諸位都有過游泳經驗嗎？水中更沒有路，當你游過時，就有了一條水路。修行者的心路，是一條非常狹隘甚至是沒有形象可循的路；但只要有信念，走著走著，自然會走出一條路來。

我另有一次經驗，是從北投山上的文化館下來農禪寺，正好遇到星期假日，又是陽明山的花季，因此文化館前的地熱谷風景區，也是人潮洶湧。我坐上計程車，被夾在車陣之間動彈不得，司機靈機一動，把車頭掉轉過來，朝相反方向的單行道開，結果很順利地被我們開出來了。這本是違規的，若遇到警察，一定受罰；結果真的遇到警察，出乎意料地，沒有開罰單，倒是指著一條小巷子對我們說：「好了，到此為止，你們從這兒繞出去吧！」我們很快地繞出了巷子上了大路。這是無路中的路，本是反路，卻成了正路。

第二種狹路，是修行已經得力，得力不是「所作已辦」的完成，只是奠下了基礎，我們稱為見道；好比睜開眼睛，明明白白地看到了路，見道後才開始談得上修道。

我讀過一本英國人寫的《西藏旅遊記》，裡頭敍述他在西藏時，往往站在這一座山頭上，看另外一座山，不過近在咫尺，好像目標在望。但這是假象，真要走到那個山頭，可能要費好幾天，因此，他感覺西藏是個神祕的地方，好像有什麼神力，把路的距離一直拉長延伸了出去。其實，這是因為西藏地處高原，空氣稀薄、視野寬廣、視線清晰所產生出的一種特殊感覺。這個可以比喻修行過程中的見道，見道只是到了通向目的地的路，或者已見目的地遙遙在望而已，漫長的旅途，還等著你繼續努力哩！

三、菩薩難為

見道後還是狹路，仍然有諸多的障礙；菩薩要度眾生才能成佛，但眾生難度啊！開始明明是可度的眾生，到最後可能卻變成最難度化的棘手人物。

別想度眾生是順利事，究竟是凡夫好做，菩薩難為；這好比世間兒女好做，父母難做一樣。（底下有人說：「徒弟好做，師父不好做。」）的確，有一回，是夏天天快下雨之前，北投文化館的牆角下，到處都是螞蟻。我聽到兩個弟子對話，一人說：「某某師兄，你給牠們說皈依，要牠們將來做你的徒弟！」另一人則說：「你不要害我，我寧可永遠做徒弟，不要做又累又辛苦的師父。」

這倒是真的，做徒弟的，除了正常隨眾的日課，不必擔負額外的責任。做師父的可不行，從早到晚，累得要命，到了晚上眼睛都睜不開了，還得處理許多未了的事情。多一個信徒，多一些事情；多一個徒弟，等於多一個包袱。我常自嘆福德不夠、因緣不足，感人的力量不夠，應該好好地修滿了福德智慧再來。可是若不度眾生何以報佛恩？若不度眾生何以增福德？如今既已一腳踩上了這條路，只好繼續往前走。以前我自己做徒弟時，冷眼看我的師父，以為他老人家真是自討苦吃，幹嘛管得那麼多？做那麼多？幹嘛這麼囉嗦，每天東摸西摸，忙到深夜還不睡。有時我早早溜去睡了，第二天師父罵我：「怎麼師父沒睡你先睡了？」我想既沒那麼多閒事，到了時間不睡又何苦。很快地，自己也當了度人的師父了，想想這條路好難走喔！

四、浩蕩赴前程

菩薩道又叫難行道，難行能行，難忍能忍，一個凡夫在見道後，依靠自己的願力度眾生，其艱辛可想而知。見道啟智慧，度生增福德。見道之後，要繼續慧業、定業的修行，並也少不了修行度生的福業。長蘆宗賾的〈坐禪儀〉劈頭就說：「夫學般若菩薩，先當起大悲心，發弘誓願，精修三昧，誓度眾生，不為一身，獨求解脫。」這時狹路相逢，有兩種情況：一種是見到了宿世仇人、怨家，一邊了舊業，一邊修福慧。所謂冤家路窄，菩薩不但不逃避，而且已知避也避不開，他既和你有緣，非得了這份緣不可。他要討回你的欠債，你得償還他的積欠。你幫他的忙，他搗你的蛋。度化這些人，必須要花很多心血。這些既是你修行上的障緣，也是修行菩薩道的逆增上緣。

另一種的狹路相逢，是逢到了你自己，是對面相逢不相識的「我」。在修行過程中，遇到的一切煩惱，便是堅固的「我」所引起的，這是無始以來由癡闇無明熏成的「我」。這時唯有以耐心、恆心，勤修戒、定、慧的三無漏學，來息滅貪、瞋、癡的無始無明；經過伏、斷煩惱的階段，然後破一分無明，證一分法身，從凡夫境界進入聖位菩薩的層次。無明分分破除，法身分分體現，最後便是成佛。

狹路相逢的痛苦，從初發心至十迴向位滿，始告一段落。進入初地，已證一分法身，雖然以遍法界身廣度眾生，卻已不再有自我身心被煎熬的感受了。這時，才算走出狹路，而上了康莊的陽關大道。

（一九八二年十月二十四日北投農禪寺禪坐會開示）

絕處逢生

日本武家文化的形成，不論在精神上或物質上，都深受宋代禪宗文化的影響，尤以鎌倉時代新興佛教的禪宗文化，對於日本武士道精神的啟發很大。

日本的武士是一種特殊階級，他們不是軍人，毋寧說是一種職業。他們受命保護其主人，講求絕對地忠實與服從，生死不二、毫無異心，這實在是源於禪宗訓練禪眾的方法。如今，「武士道」已成為日本歷史的陳跡，往後，亦不希望再有人僅用禪的方法手段，而忽略了禪的目的——在於智慧的開發。

古來禪師們鍛鍊禪的修行者：第一，要求絕對地服從師父的指導；第二，要求絕對地相信修行的方法；第三，要求絕對相信自己有悟道的可能。

禪的訓練，不講邏輯，不講道理。一進禪堂，便被告誡：「擺下你的一切，色身交與常住，性命付與龍天。堂師說，生薑是樹上長的，皂莢是地下結的，你不得發問，不可懷疑。」

日本的武士道就是以這種方式來訓練武士，要求他們絕對忠於自己的主人及職責，只顧達成任務，不問是非曲直，更不求名聞利養，心中只有一個念頭——就是竭盡所能，保護他們的主人。

武士接受任務之後，沒有旁顧的餘地，不想今天以前的事，不想今天以後的事，也不想這樁事以外的另一樁事。後來日本軍閥在做軍事訓練的時候，據說也曾用過這種不人道及非理性的方法。比如在操演時，前邊雖有懸崖峭壁，士兵正步走到懸崖邊，長官沒有下令立定或向左右轉，士兵得繼續走下去，雖然再跨出一步，便會掉下去粉身碎骨地慘死，也不可考慮或畏懼。這是為訓練士兵，在作戰時，要置生死於度外，不會臨陣脫逃，或是違抗軍令，成為一個赤膽忠心的標準軍人。而這樣嚴格冷峻的訓練過程，是源於禪師鍛鍊弟子的方法，使日本的武士們富有禪的勇往直前、專注不二、誠信不移的精神，也成為日本人感到驕傲的民族性了。所以日本人把武館稱作「道場」，將劍術稱為「劍道」，茶藝名為「茶道」，插花技藝號稱「花道」，多少均與專注及誠信的禪法，扯上一些關係。

修行要有信心，信心自會產生勇氣，有勇氣就有擔當；禪就是要有擔當，不只是心嚮往之的空願，而是相信自己能擔當，並且真正地一肩承當；要有「舍我其誰」的氣魄，荷擔起住持三寶、弘法利生的如來家業，要將所有振興佛法的責任，所有苦難眾生的問題，一肩挑起來。

一個有心學禪的人，一旦進入修行的過程中，正像病人住進醫院，要與醫師密切合作，接受勸告。而禪眾更要絕對相信禪師的指導，不論他用什麼方法，即使是無理的折磨，你都要接受。有的師父要徒弟把煤炭洗白，將石卵煨爛，徒弟雖然納悶，最好還是照著指示去做。常識中的煤炭是洗不白的，石卵是煨不爛的，但在禪的訓練中，師父的指示，一定有他的道理。

經得起師父潑辣、反常地磨鍊的人，始能成為禪法的傳承者，這種受磨鍊的能耐，本身就可把一個常人塑成了大器。相傳張良遇黃石公，因有圯下納履之試，知為孺子可教。今學禪的人之中，又能有幾人已成熟到可以叫他洗黑炭及煨石卵的程度？也許有個把人一邊洗一邊嘀咕：炭怎麼可能洗白？什麼時候會白？是不是師父有毛病？那個老頭老糊塗了？不然就是有虐待狂，否則怎會叫我洗炭？也許師父要磨鍊我、考驗我的意志力吧？東想西想的，揣摩師父的用意，懷疑正在用以修行的方法。像這樣的人，洗上一百年，炭也永遠不會白。不過，洗炭是有道理的，五祖弘忍教六祖惠能舂米，惠能既能把米舂熟，我們自然也能把炭洗白。若你只管洗炭，一心一意地洗、不要間斷地洗、心無二念地洗，什麼時候把炭洗白？不管它，一直洗下去，洗到師父來看你，雖然，炭沒有洗白，你的心已被洗白了；此時，師父和徒弟看到的已是白炭，即使旁人看到的還是黑炭，那已是無關緊要的事了。這種洗炭的耐心與決心，就是禪修的信念與專注不二的用功法。

如宋儒張橫渠所言：「為往聖繼絕學，為萬世開太平。」又如地藏菩薩的大願：「我不入地獄，誰入地獄。」及：「眾生度盡，方證菩提。」必須踏實地去做。如果只是嘴巴念念，那只是鸚鵡學語，不是打從自己心坎裡發出來的話；這樣的學發菩薩願只是種種善根而已，不能產生實際的力量，那是因為沒有確切的自信。

希望求得信心的堅定，須從修行的體驗中獲取。禪的修行，要在無路中找出路來，在無可如何之際，堅持勇往直前的信心，如此，必然會絕處逢生。中國有句話說：「山窮水盡疑無路，柳暗花明又一村。」疑無路，是懷疑沒有路，這種絕境還不夠絕；要到沒有路了，前進不得，後退不能，上有泰山壓頂，下臨萬丈懸崖，這時你怎麼辦？中國歷史上的楚霸王項羽用兵，渡河之後，以破釜沉舟，激勵士氣，提起軍心，勇往直前，義無反顧。這種大將軍才有的作略，對自己、對部下具有充分的信心，如此做的目的，是志在必得。也唯有在山窮水盡、走投無路之際，仍然往前邁進，才會發生驚天動地的奇蹟，出現不同尋常的境界，這叫作「絕處逢生」。不入虎穴，焉得虎子？不探龍宮，豈得驪珠？同樣地，顧惜身命者，哪得開悟？

禪宗公案裡，類此絕處逢生的例子很多。試舉數則如後：

（一）馬祖道一（西元七〇九—七八八年）接水潦和尚：水潦和尚參問馬祖：「如何是西來意？」馬祖乃當胸踢倒水潦，水潦大悟，起來撫掌，呵呵大笑云：「大奇！百千三昧，無量妙義，只向一毛頭上，便識得根源去。」水潦後來住山開法，示眾有云：「自從一喫馬師踢，直至如今笑不休。」

（二）黃檗希運接臨濟義玄（西元？—八六七年）：義玄初在黃檗，隨眾參侍，時堂中第一座，勉令問話，義玄乃問：「如何是祖師西來意？」黃檗便打，如是三問，三遭打，義玄遂辭黃檗至大愚處，據實相告，不知過在何處？大愚說：「黃檗恁麼老婆，為汝得徹困，猶覓過在。」義玄便於言下大悟。

（三）睦州道明（西元七八〇—八七七年）接雲門文偃（西元八六四—九四九年）：睦州才見文偃來，便閉卻門，文偃扣門，睦州問：「誰？」文偃云：「某甲。」睦州問：「做什麼？」文偃云：「己事未明，乞師指示。」睦州開門，一見便閉卻，文偃如是連三日扣門，至第三日，睦州開門，文偃乃拶入，睦州便擒住曰：「道！道！」文偃擬議，睦州便推出曰：「秦時䡊轢鑽。」遂掩門，損文偃一足，因此忍痛作聲，忽然大悟。

（四）船子德誠接夾山善會（西元八〇五—八八一年）：善會參訪德誠禪師，德誠問善會住什麼寺？何處學得來？又云：「垂絲千尺，意在深潭。離鉤三寸，速道！速道！」善會擬開口，德誠便以篙撞在水中，善會因而大悟。船子當下棄舟而逝，莫知所終。

（五）汾陽善昭（西元九四七—一〇二四年）接慈明楚圓（西元九八六—一〇三九年）：楚圓初參善昭，經二年未許入室，每見必罵詬，或毀詆諸方，及有所訓，皆流俗鄙事。一日楚圓向善昭訴苦：「自至法席已再夏，不蒙指示，但增世俗塵勞念，歲月飄忽，己事不明，失出家之利。」言未卒，善昭熟視罵曰：

「是惡知識，敢裨販我！」怒舉杖逐之。楚圓擬伸救，善昭掩其口，乃大悟曰：「是知臨濟，道出常情。」

餘如大慧宗杲（西元一〇八九──一一六三年）經常用竹篦考問學者，經常用棒杖逼打學者。目的是逼令學者起疑情，悶出疑團而猝然豁破，便是見性，乃至徹悟。但也不是不分青紅皂白，見人就打罵。應機施教，對症下藥，應用之妙，則在明師的手段了。正如破釜沉舟的用兵方法，乃是大將名將的作略。

（一九八二年十月十七日北投農禪寺禪坐會開示）

拈花微笑

人生在世，結交朋友能得知己，任用屬下終成心腹，彼此共事而有默契，如此，凡事皆能心領而神會的話，一定可以得心應手，無往不利。生死不渝地互相信賴，非語言文字所能溝通；血淚交融的體驗，刻骨銘心的感受，亦非語文所能形容。所謂「如人飲水，冷暖自知」，唯有過來人，才能夠體會這些無法透過語文來表達的心境和感受。

做父母的比較容易知道孩子們的需要，孩子們卻不容易知道父母的苦心；聖賢可理解一般大眾的苦難，而凡夫卻不知道聖賢的胸襟是什麼。中國古代的聖君賢相，洞察民間疾苦，只要有一人遇到不幸，就覺得是他們自己沒有盡到責任。而儒家「親親而仁民」的理論根據便在於此，對於自己的骨肉、自己的族類，如手足同體，如唇齒相依，如枝葉同根，共榮辱，同命運。這都是由於高瞻遠矚，體驗深切，方能有牽一髮而動全身的整體感。「自古聖賢都寂寞」，正因為普通人對他們的心胸莫測高深，故以為寂寞；其實他們先天下人之憂而憂，後天下人之樂而樂，既與天下人同憂戚、共喜樂，怎麼會寂寞！

《維摩經．文殊師利問疾品》，文殊菩薩問維摩詰居士：「你害了什麼病，怎麼會害病的？」

維摩詰說：「一切眾生，從癡生愛，故生了病。眾生既害了病，所以我也害病；如果一切眾生的病痊癒了，我的病也就好了。為什麼呢？因為菩薩是為了眾生而入生死，如果眾生得離病苦，菩薩自然無病。」

諸佛菩薩，能與眾生的心相通，眾生卻無法知道諸佛菩薩究竟對眾生做了些什麼？唯有有了相等體驗的人們，始能互相了解，而且只要一揚眉、一瞬目等的小動作為暗示，就代表了全部的感受，完成了彼此的溝通。這便稱為「以心印心」，心與心相應了；否則，彼此無法對流，僅是單向通行罷了。

一、拈花微笑的故事

依據禪史資料，宋以前未見「拈花微笑」的記載，宋代智昭的《人天眼目》

卷五〈宗門雜錄〉中，記述王荊公在翰苑，讀到此項記載是出於《大梵天王問佛決疑經》。此經為歷來《大藏經》所未收，亦為各種經錄所未載。傳說日本天台宗的圓仁慈覺大師，於唐末之際，來華留學，曾將此經抄回日本，祕藏於某寺經函，三百年後，復現於人間，但已為蠹魚侵蝕，並有脫頁之處。現已被收入日本編印的《卍續藏．補遺》編中，並且有兩種譯本，一是一卷，一是兩卷，均未見其譯者是何人。兩卷本的破損很多，對於付法的敘序，比較簡單。一卷本的，頗為完整，而且兩見「拈花」的描述，現在以語體文把它節譯介紹如下：

釋迦世尊在進入大般涅槃之前的不久，有一天在靈鷲山頂，對百萬人天及諸比丘宣說：「不久我就要入涅槃了，諸位想要問法的，就快點隨你所想知的問題問罷。」

大眾靜默地坐著。

大眾之中，娑婆世界之主的大梵天王，即以千葉妙法蓮金光明大婆羅花，雙手捧著，舉過頭頂，奉獻佛陀，退後頂禮，並且請示釋尊：「世尊成佛以來，五十年間，種種說法教示，化度了一切根機的各類眾生。如果尚有最上的大法未說，懇請世尊為我等及將來修菩薩行者，以及欲修佛道的凡夫眾生，敷演宣說。」

說畢此語，大梵天王即將他自己的身體，化作莊嚴寶座，請如來坐。

釋尊受此蓮花，坐此寶座，無言無說，但向法會大眾，拈起蓮花。此時與會的百萬人天及比丘眾，大家面面相覷，不知如來的動作，是在表示什麼。唯有長老摩訶迦葉，知道釋尊所示，即是無上法門，所以破顏微笑，從座而起，合掌正立，默然無語。釋尊便向大眾宣示：「這就對了。我有正法眼藏，涅槃妙心，實相無相，微妙法門，不立文字，教外別傳，總持任持，凡夫成佛，第一義諦，今方付囑，摩訶迦葉。」又說：「如今，如來快將滅度了，諸比丘們，都可依止摩訶迦葉，入大乘門，修行佛道。」

這段經文，記述佛將入滅，鼓勵弟子們問法，結果由於大梵天王獻花請法，引出了釋尊給摩訶迦葉付囑無上大法的佛事。此一大法，不屬於語文表達的範圍，故名為「教外別傳」。只有修證到了實相無相的人，始能領會。釋尊為報大梵天王請示最上的大法，即將大梵天王剛剛奉獻的蓮花拈在手上，意思是說：盡虛空遍法界，有哪一樣不是在說最上的大法呢？實相無相，亦無不相，無特定的某法是實相，亦可說每一法都未離實相。所以不必另外去找，連你剛才獻給如來的蓮花，何嘗不就是最上的大法？於是拈起花來給大家看。可惜，百萬人天及諸比丘之中，除了摩訶迦葉，無有一人，能夠體會佛所示意。只有摩訶迦葉，已證實相，已知佛意，所以破顏微笑，合掌正立，默然無語。表示既與佛心相印，說話已是多餘。因而受到釋尊的印可，承認他已傳承了佛的無上心法，那個無上心法的名稱，叫作「正法眼藏，涅槃妙心」，正法的眼目藏於此，寂靜的智慧亦存於此。後來中國禪宗所說的「西來意」，便是指西天二十八祖，代代相承的這個無言之教。既是以這不用言教的「涅槃妙心」為修證的宗旨，後代祖師相傳，稱為密付密受。此所謂密，不是祕密不許人知，而是不為未得開悟實相或佛性的人所知；唯悟者與悟者之間，相通相知。

二、拈花微笑是宋朝以來的傳說

釋尊付法於摩訶迦葉之說，最早出現於《大般涅槃經》卷二，四十卷本及三十六卷本，均有同樣的記述：當釋尊宣布了即將入滅的消息之後，比丘們頗為驚惶，不知在佛滅之後，應當依止何人，繼續修持梵行，甚至要求，跟隨釋尊一同入滅。釋尊因而說了如下的一段話：「諸位比丘，你們不應作如是語，我今所有的無上正法，全般付囑摩訶迦葉。如來滅後，摩訶迦葉當為你們作大依止，猶如如來為諸眾生作大依止。」

摩訶迦葉在釋尊的諸大弟子之中，苦行第一，年高德劭，最為持重，也最受大眾的尊敬，佛在入滅前，將若干尚未離欲的弟子，交代由摩訶迦葉照顧，乃是常情常理。佛滅火化之後，大家為了爭奪佛的肉身舍利的骨灰，幾乎引起戰鬥，摩訶迦葉則不以擁有釋尊的肉身舍利為大事，他的大事乃是集合當時尚在人間的釋尊及門弟子，把各人所聽到過的佛的教示，集體集成統一性的釋尊遺教，稱為法身舍利。就此偉大的貢獻而言，摩訶迦葉受佛付囑，傳佛心印的說法，便可信其為事實。至於說，唯有摩訶迦葉一人，傳得釋尊的無上正法，由於摩訶迦葉擁護佛法，而又流傳佛法的事實，也是說得通的。

因此，釋尊臨要涅槃之前，付法傳衣給摩訶迦葉的事，禪宗典籍，都是承認的。至於考察佛陀入滅之時，摩訶迦葉並不在會，何以在《涅槃經》中，記載了傳授無上正法給摩訶迦葉之說？宋朝的明教大師契嵩，在其所著《傳法正宗記》卷一，解釋為：「以佛說法的先後而知，先說《法華》，後說《涅槃》，摩訶迦葉出席了法華勝會，而未見於涅槃勝會，付法之事，當在佛說此兩部大經之中間。」另外，契嵩對於拈花微笑之說，則謂：「未始見其所出，吾雖稍取，亦不敢認為那就是事實，因為其他有關諸書，開端必列七佛相承，獨此無之。」他是不敢採信有此拈花微笑的史實，則很明顯。

不管如何，這則故事非常動人，因為它很有禪的風貌，而且是人人都能懂得和接受的。所以一經傳出，便受到了普遍的歡迎。

實則，默然不語，而又勝過千言萬語的例子，在《維摩經．入不二法門品》，已見過了文殊菩薩說：「如我意者，於一切法，無言、無說、無示、無識，離諸問答，是為入不二法門。」文殊再問維摩詰的意見，維摩詰的反應是「默然無言」。此與在《大梵天王問佛決疑經》所見，摩訶迦葉對釋尊拈花示眾的反應，也是「默然無言」，有雷同處；所不同的是加上了微笑的表情，更顯得平易近人，既使人覺得高深莫測，又覺得就是那位天天見面的隔壁阿叔一樣親切。

三、拈花微笑是禪宗常見的公案

中國禪宗，受《維摩經》的影響很深，對於《楞伽經》、《金剛經》，也極重視。《維摩經》的「默然無言」、《楞伽經》的「無門為門」、《金剛經》的「無法可說」，都表示了無言之教，才是最上大法。

現在舉四則類似的公案，用供參考。

（一）神會挨罵：《六祖壇經》記載，有一天六祖大師向大眾說：「吾有一物，無頭無尾，無名無字，無背無面，諸人還識否？」神會站出來說：「是諸佛之本源，神會之佛性。」六祖說：「向汝道：無名無字，汝便喚作本源佛性？」

（二）踢倒淨瓶：一日百丈對華林及溈山靈祐兩人，指著地上盛水用的淨瓶說：「不得喚作淨瓶，汝喚作什麼？」華林云：「不可喚作木楔也。」百丈又問溈山，溈山舉腳，踢倒了淨瓶，便出去。百丈便謂：「華林首座，輸給靈祐了。」

（三）新羅僧挨打：一日晚上，德山上堂，謂大眾：「今晚不得問話，問話者三十拄杖。」時有僧出，方禮拜，德山便打。僧問：「我又沒問話，和尚為什麼打我？」德山反問：「你是哪裡人？」僧說：「新羅人。」德山便說：「你未上船時，就已打你三十拄杖了。」

（四）俱胝豎指：凡有人向俱胝參問，俱胝唯豎一指相示，他有一名童子為侍者，外人問他：「俱胝和尚說什麼法？」童子也豎起一指作答。俱胝聞見，便以利刃，斬斷其指，童子痛號而去，俱胝忽喊：「童子。」童子回首看，又見俱胝豎起一指，童子忽然領悟。

以上四則公案，同示無言之教，所見各不相同。神會不會，所以多嘴；新羅僧自以為懂了，其實仍未領會；童子悟及，宗旨既不在言，亦不在指；溈山已知，別說言語多餘，連淨瓶這個形像，也是礙手礙腳的東西，意在言外，更在物外。

有一次，我去訪問一個家庭，正好遇到那家的長女在夫家受了委屈，回娘家來，淚眼婆娑地向父母訴苦，全家人都好言勸慰她，她還是哭泣不止。不多久，她的丈夫也來了，什麼話也沒說，只是向岳父母請了安，並朝著她微笑，她便破涕為笑，高高興興地跟著丈夫回去了。在一旁的少女，是她的小妹，當她姊姊走後，便將小嘴一翹，嗯了一聲說道：「大姊真是好賤！這樣嚴重的事，就這麼算了嗎？」

「丫頭，你還小，你不懂的，這叫作無言勝有言，盡在不言中，他們兩人已經沒有事了。」她們的母親說。

這段小故事中，母親不必再問大女兒，已知小夫妻倆沒有事了。年輕的太太不必要求丈夫解釋，已知問題解決了。只有那個小妹，是一隻呆頭鵝，因為她不是過來人，也不是當事人。

我們在日常生活中，能夠與家人、朋友乃至其他不相識的人之間，只要用心注意，就會發現，常有許多默契同感之處。未必一定是老友之間，才有所謂靈犀一點通的心電交感；凡是有同樣需求、同樣學養和有過同類體驗的人，就會覺得彼此間心靈的距離好近。

準此而言，禪者的悟境，雖不是人人可得而經驗的，人與人之間，乃至人與眾生之間，由大而小、由著而微，總會有若干相通、相共、相同的事情和經驗狀況吧？所謂同舟共濟，我們同居地球、同吸空氣、同飲食、同取暖、同求生、同畏死，算一算，相同的地方太多了。民胞物與，以及同體大悲的心懷，為什麼就體驗不到呢？

（一九八四年九月十六日北投農禪寺禪坐會開示）

生死事大

佛陀出現人間的原因，是為救濟眾生出離生死的苦海。此從佛陀的傳記中，可以看到，佛陀尚在少年王子時代，由於出遊四門，在王城的四個門外，見到了人間的生、老、病、死等四種型態，警悟到凡是生而為人的，不論貧富貴賤，無一能夠例外。因此發心出家修道，以期開悟脫離生死的方法，用來救濟眾生。後來，及佛將要入滅之前，在其《遺教經》中，仍諄諄告誡他的弟子們：「當念無常之火，燒諸世間。」應當精勤修諸善法，又懇切叮嚀：「早求解脫」此「沒在生、老、病、死大海」中的假名之身。另於《雜阿含經》卷二十二也說：佛以正直、平等、寂默、法想、慚愧、正念、智慧、正見等八法，稱為出離生死叢林的妙乘。

「生死」一詞，在梵文稱為薩摩沙羅（samsāra），意為生死相續。即是死於此而又生於彼，再死於彼而復生於此，在天、人、阿修羅、傍生、鬼、地獄的六道之中，往返生死，永無盡期。若以一生的生命而言，對於許多人尚不一定構成「苦海」的聯想；為求生存，固然有辛苦，生存的事實，卻不一定經常在苦痛之中。人人雖都有病苦的經驗，但是經常抱病的人，畢竟是少數；人人雖都有衰老的可能，卻有不少人在未老之時便死了；也有人是晚年健康，返老還童，無病無痛，最後無疾而終的。

可是，若人對生命體驗到無法作主的最極處——生不知因何理由而生？活著不知為了什麼目的而活？臨死之時，又不能自由選擇時間；不論對這世間是充滿了眷戀，或滿心的憂怨，於生死之間仍不能自主，總免不了是一樁最大的遺憾。如果已經信了三世流轉、六道輪迴之說，則知「生」是業力所牽，死則受業果所引，雖然貪生怕死，卻必須生了又死，死了又生。不願生的環境，卻非生不可，不願死的時間，又非死不可；不希望遇到的事，常常遇到，希望遇到的事，偏偏求之不得。生從何處來？死往何處去？自己不知道！即使知道了一點，亦無濟於事。這便是每一個眾生的生死行程，彷彿一條前無開始、後無終點的歷史長流，所以稱之為「苦海」。

生死的另一個同義名詞，稱為「生滅」。生死是指眾生在一期的或一個段落的出現和消失；生滅則是每一現象的局部，乃至全部的發生和消失。可知，生滅涵蓋了生死，生死不出於生滅的範圍。因此，六道輪迴，稱為生死流轉；解脫輪迴之苦，稱為出離生死苦海。佛世的比丘及比丘尼，凡是證到阿羅漢的果位之時，都被稱為「諸漏已盡，梵行已立，所作已辦，不受後有」的聖者。佛法的基礎原則，稱為「苦、集、滅、道」的四聖諦，若不知四諦法，永不出生死，若能畏生死的「苦」果，必須先斷造業的「集」因，並且修行八正「道」，始有消「滅」這生死苦果的可能。可見四諦中的「苦、集」二諦，便是生死法，「滅、道」二諦，是解脫法。生死的形成，起於十二因緣；十二因緣不出生死的範圍，而且貫串過去、現在、未來的三世，此無始以來的三世關係，即是「苦、集」二諦的周而復始。

現在將三世因果、十二因緣、與「苦、集」二諦的關係列表如下。（表見下頁）

十二因緣

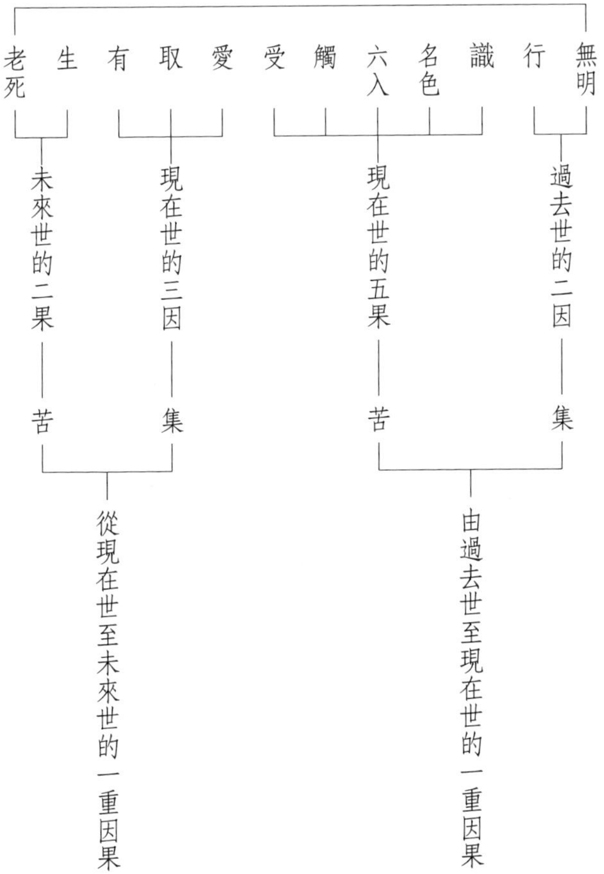
無明
行
識
名色
六入
觸
受
愛
取
有
生
老死
過去世的二因
現在世的五果
現在世的三因
未來世的二果
集
苦
集
苦
由過去世至現在世的一重因果
從現在世至未來世的一重因果

十二因緣法，又名「十二緣起法」，即是以十二種因素過程的連結循環，而起生死的現象。此在《雜阿含經》卷十二第二九九經有云：「佛告比丘：緣起法者，非我（佛）所作，亦非餘人作。然彼如來出世及未出世，法界常住，彼如來自覺此法，成等正覺，為諸眾生，分別演說，開發顯示，所謂『此有故彼有，此起故彼起』，謂緣『無明』、『行』，乃至純大苦聚集；『無明』滅故『行』滅，乃至純大苦聚滅。」（《大正藏》冊二．八十五頁中）若要詳釋這段經文，可以寫成一本厚厚的書。簡略地說，佛未創造十二因緣，任何人或者上帝，均無能創造；佛之成為大覺世尊，只是自己覺悟到了十二因緣，所以要給一切眾生開示顯明十二因緣的道理。由於十二因緣的依次順緣，如「無明」緣「行」，結果有「生」與「老死」的循環不已，稱為「純大苦聚集」；「集」是過去世的「無明」緣「行」，以及現在世的「愛、取、有」；「大苦」是現在世的「識」、「名色」、「六入」、「觸」、「受」，以及未來世的「生」及「老死」，因果交替，便成了無邊的苦海。只要滅除了無始的「無明」，便可依次滅除「行」，乃至亦滅除「生」與「老死」的現象，稱「純大苦聚滅」。如何滅苦，端靠修行八正道。這是根本佛法所說的「生死流轉」及「生死還滅」的精義所在。

十二緣起中第二項的「行」，即是因無明煩惱而起身、口、意的三類行為動作，由此行為動作，即造種種業，由於造了業因，即會受到果報，此即形成生死的連續不已。可是，身、口、意的三類行為動作，既是行動，便非恆有，不過是一時的暫現，所以是無常的。十二因緣的活動是起滅無常的，由十二因緣形成的生死現象，當然也是起滅無常的，因此，若能由起滅而成不起不滅，便是超脫生死苦海的涅槃（寂滅）境界了。故在《大般涅槃經》卷下，佛告諸比丘云：「諸行無常，是生滅法；生滅滅已，寂滅為樂。」接著又說：「汝等當知，一切諸行，皆悉無常，我今雖是金剛之體，亦復不免無常所遷。生死之中，極為可畏，汝等宜應勤行精進，速求離此生死火坑，此則是我最後教也。」（《大正藏》冊一．二〇四頁下）前面的四句，稱為〈諸行無常偈〉，又名為〈雪山偈〉。意思是：依因緣所生的諸種現象，都不能逃出無常的律則，就是成佛之後的釋迦世尊，雖證金剛不壞的法體，他的由父母（因緣）所生的肉體，也無從超出無常變遷乃至死亡的界限，若不速求出離生死，那就太可怕了。

因此，生死界中的任何現象，既然都從因緣而有起滅，故被統一稱為「生滅法」。不過，佛法雖以生滅法概括心、身、世界的一切現象，生死的主體和主人，乃是心法。《俱舍論》及《中觀論》詳釋生滅義，《大乘起信論》直明生滅心，目的都是為了有助於眾生達成不生不滅的出離生死。小乘聖者，為了脫生死，求取出離三界；大乘聖者，則但求心得自在，便是出離了生死苦海。

中國的禪宗祖師們，修行的目的，在於明見佛性，四祖道信在其〈入道安心要方便門〉中說：「見佛性者，永離生死，名出世人。」又說：「悟佛性者，名菩薩人。」（《大正藏》冊八十五．一二八九頁上）道信大師常用《維摩經》為證，《維摩經》卷中〈文殊問疾品〉所說大乘菩薩對於生死所持的態度是：「在於生死，不為污行；住於涅槃，不永滅度；是菩薩行，非凡夫行。」（《大正藏》冊十四．五四五頁中）又於〈佛道品〉中說：「雖知無起滅，示彼故有生。」「或示老病死，成就諸群生。」（《大正藏》冊十四．五四九—五五〇頁上），唐代的禪宗大師，多用《維摩經》，四祖、五祖、六祖、永嘉等，均極重視《維摩經》；禪宗自稱是頓悟法門，華嚴宗也將禪宗及其所依的《維摩經》，判為頓教。頓教大乘對於生死的態度，側重於心出三界，悟後不受煩惱所染，便是了生脫死；如有所執，雖求出離，反墮生死。此如五祖弘忍大師的〈修心要論〉中說：「世間迷人，不解此（真心）理，於無明心中，多涉艱辛，廣修相善，望得解脫，乃歸生死。」（《大正藏》冊四十八．三七八頁下）馬祖道一禪師也說：「一念妄心，即是三界生死根本；但無一念，即除生死根本。」（《馬祖語錄》，《卍續藏》冊一一九．八一一頁）亡名的〈息心銘〉也說：「心想若滅，生死長絕。」（《景德傳燈錄》卷三十）

馬祖的弟子大珠慧海禪師，更明白地為禪者指出了何為生死業，又何為解脫道：「求大涅槃是生死業，捨垢取淨是生死業，有得有證是生死業，不脫對治門是生死業。」至於如何而得解脫生死？他說：「本自無縛，不用求解；直用直行，是無等等。」（《景德傳燈錄》卷六）對於生死的現象是不必介意的，對於生死中的現象之執著取捨，才是墮於生死苦海的根本。若能心得自在，離貪、離瞋、離無明煩惱，雖住生死界，實同出生死。此一思想，取自六祖惠能大師的《六祖壇經．定慧品》所言：「如《淨名（維摩）經》云：直心是道場，直心是淨土。……但行直心，於一切法，勿有執著。」便是最好的禪修方法，也是最上乘的解脫生死之道。

既以無取、無捨為解脫生死的妙法，解脫之後，生死即不存在；既無生死可見，當然也就無畏於生死，而示現生死，以度生死界中的眾生了。這是頓教大乘的立場，也是偉大禪者的態度。無怪乎有人問馬祖的弟子南泉普願大師：「和尚您老人家百年（死）後，向什麼處去呢？」南泉答：「山下做一頭水牯牛去。」（《景德傳燈錄》卷八）他答得非常自然。對於一位已經解脫了的禪師來說，生死已不存在，眾生的類別也不存在，生到山下做水牯牛，與生在王家做王子，沒有什麼兩樣，只要因緣要他示現，他便隨類應化；釋迦世尊在因地行菩薩道時，不也常做種種禽獸、蟲魚而行救濟的嗎？

不過，無論如何，對於凡夫而言，生死的確太苦。佛法是解脫生死的大法，信佛學佛，讀經聞法，而於生死不關痛癢，也未想到解脫生死的話，必須生大慚愧！猶如既入金剛寶山，僅撿了一些隨處都有的土塊頑石而歸，豈非愚癡到了極點。所以，佛陀既是為了解脫眾生生死的大事，而出現於此世界，我們的歷代祖師們，也無一不兢兢業業於此生死的大事上努力用功的。在《六祖壇經》中，即有兩位弟子提到「生死事大」的問題，而來參見惠能大師。

一位本為神秀大師的弟子，名叫志誠，因在秀大師處修學了九年，不得契悟。為了他的「生死事大」請能大師慈悲，給他重新開示指導。（《大正藏》冊四十八．三五八頁中）

另一位是原來修學天台宗的止觀法門，並於《維摩經》而悟佛心宗，為了求得明師的印證，而去訪問六祖惠能大師的永嘉玄覺大師。其初見能大師，不先行禮，只是繞行能大師三匝，振動錫杖而立。能大師便訶斥他：「大德自何方而來？生大我慢！」

覺大師回答：「生死事大，無常迅速。」

能大師說：「何不體取無生，了無速乎？」

覺大師回答：「體即無生，了本無速。」

能大師讚道：「如是如是。」

覺大師這才具備威儀，向能大師禮拜。能大師又讚他：「甚得無生之意。」（《大正藏》冊四十八．三五七頁下）

他在曹溪見了能大師之後，寫了一篇在中國禪宗史上幾乎與《六祖壇經》並美的〈證道歌〉，歌中兩次陳述了他對「生死大事」的看法，可以用來對照著理解：

「遊江海、涉山川，尋師訪道為參禪；自從認得曹谿路，了知生死不相關。」

「幾迴生，幾迴死，生死悠悠無定止；自從頓悟了無生，於諸榮辱何憂喜。」

（此兩段均見於《大正藏》冊四十八．三九六頁上）

這兩段歌詞，說明了玄覺大師在未見能大師之前，到處尋師訪道，是為了解決生死大事；當他見了能大師之後，方知那些事與解脫生死的大事是毫不相關的。為什麼呢？因為不悟「無生」，即在生死之中，頓悟了能大師所示的「無生」、「無速」的法門之後，方知唯有實證無生，才真了生脫死；既已了脫生死，於榮於辱，尚有何喜何憂呢？此所謂「無生」，即是《六祖壇經．定慧品》所說的：「於自念上，常離諸境。不於境上生心。……迷人於境上有念，念上便起邪見，一切塵勞妄想，從此而生。」心不隨境、不執著、不攀緣，雖非無境，而是心常離境，便得無生，便得解脫，即從生死獲得解脫，便是無生無滅，便是「生滅滅已」的大涅槃了；此時已無空間的存在，也無時間的感受，無常迅速的事，當然也不存在，所以稱為「無速」。

古代的禪者，例如永嘉玄覺大師可為代表，他在未悟之前，心中老有「生死事大，無常迅速」的念頭在逼著他精進用功，悟後才知道著相的修行用功，與解脫生死，了不相關。可是請初學的人，不要以為開悟不用修行，更不可以為修行與解脫生死無關。

正因為生死的感受強烈，光陰迅速消逝的體驗迫切，才會及時努力，時時精勤，如救燃眉。也只有生死心切或關切生死大事的人，方有可能從名利物欲的耽戀和聲色貨利的追逐中，撤出一條腳來，撥出一些時間來從事佛法的修持。否則，打坐是為修身，看經是為益智，行善是為福報，禮拜持誦是為現世生活的逢凶化吉。這些均與佛法的了悟及解脫生死，沒有關係，但他們仍是信仰佛教的人，也從佛法得到了利益。不過正信發心學佛的人，應該要有與生死相關的動機才好。所以修淨土法門的人，當以命終往生淨土為目標；學禪的人，當以生死自在為要務。至於如何一步一步地修學，一步一步地走出生死的牢獄，那就要看各人的善根深淺及努力程度而定了。且用如下的三個層次，敘述學佛者的心態及其方向：

一、生比死更重要

中國的儒家，根據《易經．繫辭上》所說「生生之謂易」，故以為後之生者，由於前生，陰陽轉變，萬物恆生，即是易理。《禮記．月令》有謂：「季春之月，……生氣方盛，陽氣發泄。」又在《禮記．樂記》中有謂：「合生氣之和，道五常之行。」儒家的古聖先賢，將自然界的現象，稱為陽陰轉變或陰陽交泰。生之又生，變變不已，稱為「易」，「易」和「生」字同義。應用到人生問題，也不出陰陽的變易。故稱天地之大德曰「生」，自然界以陽氣為生之根源，故稱為「生氣」，自然界以陰氣為主力，故《易經》以坤卦為恆常，謂：「後得主而有常。」陰陽和合，則有五常。所謂五常，即人倫的常行，例如：父義、母慈、兄友、弟恭、子孝，乃是人的不變的義務和責任。從這一些根據來看儒家所謂的「生生」，是從自然現象推演成人生現象的一套思想，人雖有別於自然，卻仍不出乎自然的規則。因此而論及精神界，便稱為「道」，《易經．繫辭》云：「形而上者謂之道，形而下者謂之器。」也就是超出於陰陽轉變的物質範圍之外的，叫作「道」。

現象界的一切，無非是物質範圍的陽陰轉變，這實在是非常含蓄的唯物思想。對現象界的生命，抱有生生不息的希望，明知人的身體都會死亡，由於不知死後尚有精神的個別存在，也未知有個別生死的輪迴之事，以及生死長流之苦，便把生生不息的功能移轉遞交給後代的子孫，以求安慰死後的空虛和無奈，因此而有孟子唱出「無後代」為三種不孝的最大問題。這種觀點，仍與自然界的物種功能之延續相同。

道家的思想，本與儒家同根。老子以天地從「道」而生，道有「大」、「逝」、「遠」、「反」的涵義，故此道以「自然」為依歸，自然是先天地而生的，我們的現象界則是由於「道生一，一生二，二生三，三生萬物；萬物負陰而抱陽，沖氣以為和」。此雖見到物質界的原始為一、為道、為自然，萬物以負陰抱陽和合而生，若能歸真返璞，仍與自然合而消失於自然界，並沒有個別的精神問題的存在。後來發展為長生久視的方術，也說養此物質的身體，而得長生不死，亦不出「唯物觀」或「自然論」的階層。

正由於人間的聖賢有此種看法，人間的普通人接觸佛法之後，仍以求取現世生活中的實際利益為主。記得於本年（一九八六）初以九十五歲高齡圓寂的廣欽長老住世之際，傳說他有神通，每天都有成百成千的人去拜見他；他雖恆以「老實多念阿彌陀佛」勸人，去拜見他的人們，多半的興趣則是想聽聽關於自己的運道，或者求取他的〈大悲咒〉水，有病治病，無病消災免難、開智慧、增健康。來我們農禪寺的人，多半也是由於現實生活中有了困擾，來念佛、來打坐、來聽佛法，因此而使他們得到身心的紓解，從無可奈何中，重新振作起來。我在美國寫的第一篇勸人打坐的文章——〈坐禪的功能〉，也是從身心的調和、健康、長壽、愉快等現實的利益為著眼。追求現實生活的利益，是人之常情，如果見到初來佛寺求幫助的，不先指給他「生的希望」，便以「死的恐懼」來嚇唬他或教訓他，那是非常不智的。

事實上，儒家的《易經》及道家的《老子》，固然重視生，而將死亡及消失稱為「變易」，稱為「逝」、稱為「反」，只是避用死亡之名，並非沒有死亡之實。正像今天的日本及臺灣，有許多大樓沒有第四層，將第四層跳稱為第五樓，雖免用了發音與「死」相同的「四」字，而四樓仍是四樓一樣。佛教亦不例外，經中處處說「此生故彼生，此滅故彼滅」，明明是講的緣生緣滅觀，可是在單獨使用之時，只稱「緣生論」或「緣起觀」，而不稱「死論」與「緣滅觀」。因為生起與死滅，都是現象的動作，既是動的，稱為緣生、緣起，更加相宜。佛法在世間，也以給人類指出正確的生活態度與清淨的生活方式為目標；如能做到生活的態度正確，生活的方式清淨，便是自利利他的修行者，便可能減少乃至解脫煩惱的困擾，也就是走著出離生死的菩提大道了。

二、急求出離生死

有一種人，心量狹小，性格偏激，一旦由於各種因素使他們厭倦世間生活，便有急求出離生死的傾向。有一種人，自信不足，對世間煩惱的誘惑，無法擺脫，一旦接觸到佛法，便有即生修成解脫道的意願。有一種人，似是而非地知道一些佛法，認為學佛必求成道，修禪必得開悟，若不成道、不開悟，即等於盲人夜行；若在生前不能了脫生死，便等於冤枉來到人間一趟，因為死後不知何往？所以急求悟道。此在佛陀出世之前，已有終生修行的外道；在佛出世之後，有阿蘭若處住的比丘。在中國有「窮則獨善其身」的隱逸之士；在西方的天主教會史上，也有終生修道的所謂「聖者」。這正證明了人類之中，有一類人的心向，是偏於急求出離而獨自修行的。

在中國早期的禪者，類如西域的阿蘭若比丘，或被稱為瑜伽士的苦行僧，他們遠離人間，過著離群索居、精苦獨修的生活。釋迦時代，也允許這種型態的比丘們，去過阿蘭若處住的生活，住處雖不同於一般的人間比丘，仍要求他們每半個月，集合就近的比丘們，舉行說戒並檢討各自的修行生活。此與完全地與人隔離還是不同，目的是藉大眾之力，來督策並糾正各自的修行生活。佛世的絕對多數的比丘，是合群而居於精舍的人間比丘，過團體生活，起居有次序，行止有定處，作息有定時。

到了中國禪宗，四祖、五祖、六祖的座下的常隨弟子，經常都有道俗五百人或六、七百人。馬祖道一門下的入室弟子，有一百三十九人，各為宗主；大慧宗杲門下，傳其法而被列入世譜者九十餘人，傳佛心印者不知其數，這些都是從師徒之間的機教相應中獲得的成就，不是各別獨居自修而見的局面。例如，大慧有一次以五十三人，令其悟入者十三位；宗杲的老師，圓悟克勤，在金山於一夜之間使十八人有省。即在佛世，從大、小乘經中所見，由單獨修行禪定而悟入佛之知見的例子並不多；倒是在大眾中，聞佛說法，聽佛開示，而得法眼淨，悟佛知見的例子，相當普遍。所以在《維摩經》卷上〈弟子品〉說到，維摩詰長者責斥舍利弗在林間樹下「宴坐」（默坐冥想）的修行方式，不是標準的上乘法門。

可是，人間既然存在著這一類根性的眾生，佛也未便禁止他們。雖然釋迦世尊於成道之後，明示他的成道，不是由於六年的雪山苦修，但他曾經有過六年的苦修，也是事實。所以，不論南方佛教或北方佛教，在北方佛教中，又不論是顯、是密，迄今為止，仍有掩關修行、洞窟修行、住山林間修行、以特定的山區為界的修行等方式。

中國佛教的「掩關」或通稱「閉關」的方式，未見於古代的記載，乃是近代的風氣，可能是受了西藏喇嘛教所用長期的洞窟修行或祕密修行的影響，例如，密教的四加行以及某些法門，必須付出相當長的時間，反覆地持誦、禮拜、觀想等，方能成就。

這在佛世，也有例子，即是每年夏季三個月的雨安居，比丘們在三個月中有所成就；經過三個月定期安居的修行，的確有不少人因此悟道的，後人稱為「剋證」。日本的禪宗將冬期的禪修，稱為「臘八剋期攝心」；中國近代的禪淨雙修者，則以禪期或淨七，稱為「剋期取證」。不過，這是團體生活的定期修行，與長期的個別修行，而且以了脫生死為期者，大不相同。

三、生死直下承當

有一次我在農禪寺的念佛會中開示念佛法門，鼓勵蓮友們發願往生淨土，若不願往生淨土，又無自主生死的能力，那是不安全的，也是不切實際的。第二天的下午，即有一位居士表示相當困惑地問我：「師父，我坐禪，我也念佛，許多年來，精進不懈，就是沒有想到求生西方淨土，那可怎麼辦？」

我問她：「你死了準備去何處？」

她答：「我願生生世世生為男身，出家度眾生，因為眾生好苦。」

我說：「你已能生死自主嗎？」

她說：「不能，所以請示師父。」

嗣後我告訴她，佛法本有「難行道」及「易行道」的兩大流，求生西方淨土，是易行的殊勝方便；通常的大乘菩薩道，乃是難行能行、難忍能忍的難行道。諸佛發願，首以利濟眾生為要務，不以自求出離為先著，所謂自己未度先度人，乃是菩薩初發心。此義並非是指不學無方空喊度生的口號，乃是修一切行、學一切法，皆是為了度人的方便，先捨自私的自我中心，而努力從事於一切的修學方便。這種人正同阿彌陀佛於因地中發四十八願，以成就國土、成熟眾生。所以但能信心具足、願心堅固、福慧兼修、定心不搖，念佛心是佛，何必求生西方淨土？能在人間努力於人間淨土的建設，更近乎佛陀出世化世的本懷。

大隱隱於市井，小隱隱於山林，等於說雖不能自主生死，至少要在信心、願心、定力堅固之時，始可修行難行的菩薩道；也等於說菩薩的果位愈高，愈能隨類攝化，隨機應赴，乃至入於無間地獄，猶如居於三禪天境。至於尚未具足信願定力的人，又如何做到生死直下承當的程度？

這對於初心學佛的人，確是一個大問題。因此，許多初學佛者，一進佛門，便朝著急求出離的方向走。其中有一輩人，特別是歐美人士，既不願以類似求生天國的他力救濟來念佛求生西方淨土，又無法從自力修行的禪法，速疾開悟。所以常常有學生問我：「未學佛前不知生死可畏，學佛之後，又覺得生死不易解脫，雖然努力修行，徹悟仍遙遙無期，總不能叫我擱下家庭事業和工作，用全時間、全生命來用功吧？縱然如此做，又有誰能保證我一定會徹悟？如在未徹悟前，我已死了，我將會有一個什麼樣的未來呢？」

我常用佛經中的比喻來安慰他們：佛陀也曾被弟子問過這樣的問題，佛陀說：「不要害怕，你看見過樹嗎？如果用繩索將一棵樹從小就向西面拉，長大後它是朝向西面的；砍伐時不論吹著什麼方向的風，乃至是從西方臨面吹來，這棵樹倒下的方向，一定還是朝向西面的。」這是說，用功重在平時的努力方向，不必擔心死後的去處；平時修行，信願具足，就不愁死後隨業墮落。眾生的毛病是重果不重因，菩薩則重因不重果；修行的本身就是目的，不須擔心未來的結果如何！

若用禪的立場來看，可以抄一則六祖的嗣孫石頭希遷的公案如下：

一日，有僧來問希遷大師：「如何是解脫？」

希遷反問：「誰縛汝？」

僧又問：「如何是淨土？」

希遷再反問：「誰垢汝？」

僧更問：「如何是涅槃？」

希遷仍反問：「誰將生死與汝？」（《景德傳燈錄》卷十四）

這也就是說，本來無縛、無垢、無生死，何必要追求解脫、淨土、涅槃呢？自心不受外境所困擾，便是解脫；不被貪、瞋等煩惱所染，便是淨土；不戀生死不畏生死，雖在生死即同涅槃。若能面對任何境界，不起取捨欣厭之心，就是解脫自在。如果仍有解脫道可修，仍有淨土可生，仍有生死可了，便在堅固的執著之中，豈有真正的自在解脫？

再如六祖的弟子永嘉玄覺大師，對於修行人是否應該退避人間而棲隱山谷的觀點，也發表了相反的意見：「若未識（悟）道而先居山者，但見其山，必忘其道；若未居山而先識（悟）道者，但見其道，必忘其山。忘山則道性怡神，忘道則山形眩目。是以見道忘山者，人間亦寂也；見山忘道者，山中乃喧也。」又說：「以含靈而辨悲，即想念而明智，智生則法應圓照，離境何以觀悲？」又說：「智圓則喧寂同觀，悲大則怨親普救。……若知物我冥一，彼此無非道場。……若能慕寂於喧，市廛無非宴坐，徵違納順，怨債由來善友矣。」（《永嘉集》勸友人書第九〈大師答朗禪師書〉，《大正藏》冊四十八．三九四頁）這可以代表正統禪宗的正確觀點。

一般人光曉得精進辦道和努力用功的意思，是指禮拜、持誦、打坐參禪和閱讀三藏教典。若有一時做了與日常生活有關的事，或與信眾接觸服務的事，便以為荒蕪了道業、懶散了用功，這是大錯特錯的知見。

從修行的態度而言，可分作四個層次：1.為己而成己，2.為人而成己，3.為人而成人，4.成人不為人。

第一個層次是純自私的，縱有所成，不會大成。第二個層次是為了助人，所以先充實自己，這是一般人的通途；不過，若抱著未成佛前不度眾生的態度，他將落於第一個層次去了。第三個層次，不為自己的利益及果位著想，只是盡其所有與盡其所能地助人度人，比如，吃喝不為滿足自己的口腹之欲，乃為有了力氣可去助人度人；讀書、學習、營事、弘化，不考慮個人的興趣及需要，不為自己的功德福慧，但有眾生急需什麼，他便全力以赴；他沒有屬於自己的事物，全心只為度眾生。第四個層次是已得無生法忍的大菩薩，固然不為自己求成佛，也不為眾生離生死，不休不息，隨時隨處，隨類應化，度一切眾生，心中亦未見有一眾生已度、當度、未度。

我們初學佛法的人，應以第二層次為基礎，第三層次為實踐的依準，否則，不落於自私自利，便會以「為人成己」作藉口，仍落於自私自利的層次。比如說，為了度人，所以先度自己，結果他是只顧自己修道，不管他人死活的自私鬼！自私鬼而能了脫生死，沒有這樣的道理。

如能以第三個層次為依準，為了成就他人，在成就他人的過程中，必已成就了自己，俗稱「教學相長」。我有一位中國學生，大學畢業之後，即在一間中學教書，每次見我，都說好累，教書累，為了準備新開的課程更累。學校見他認真謹慎，沒有人開的課程，就讓他去試試，他從未想到要學那許多與他興趣毫不相關的東西，結果他為了把書教好，他都學會了。另一個美國的女士，最近告訴我，她把工作辭掉了。問她原因，她說：「第一，工作的性質與興趣不合；第二，工作環境中不能讓我發現新事物，學不到新東西。」問她：「什麼是你的興趣？什麼是你想學的新東西？」她想了一想，卻無法給我具體的答案。這兩個例子中，第一位沒有考慮自己，只知道工作的需要，所以學到很多新東西。第二位老是想著自己的利益，結果失去了工作。究竟是哪一位更切實際，更可取法呢？當然你盡可以同情第二位，不過，你是在修行態度的第一個層次中了。

我在臺灣農禪寺主持的禪七，由於報名的人數多、錄取的人數少，有幾位居士為了把名額讓給他人，所以始終不報名，但是願意擔任廚房飲食的護七工作。結果，我發現護七人員所得的法益，不一定比打七人員所得的少。如有一位家境不錯的女居士，在廚房裡護了一次禪七之後，便對農禪寺開始做多方面的熱心護持，我問她：「在廚房裡得到了什麼利益？」她說：「什麼也沒有。只是覺得有那麼多真心修行的人，吃了我親手炊煮烹調的飲食，就有說不出來的歡喜，我不會修行，恰能有機會來幫修行人的忙，實在太高興了。」

另有不只一位、兩位乃至更多的居士，報名禪七以前，已向我直接或間接地要求讓他們參加。進入禪七期中，也知全力以赴地用功，第一次未能有所發明，第二度再來，仍舊全力以赴地用功。結果，他們便帶著懷疑乃至失望的心態離開，再也不回來了。從間接的關係中，知道他們或去學密、或去學道、或已放棄了修行的路子。為什麼？只為他們沒有追求到他們心目中的悟境。

以上兩個相反的例子，第一個是正確的修行態度。六祖砍柴舂米；龐居士父女編製竹簍；香嚴芟除草木；百丈家風，一日不作，一日不食；大安在溈山座下當典座（廚頭）；雪峰在德山當飯頭；仰山、雪竇當知客；洞山做香燈；大慧任侍者等，都是現成的例子。第二個例子，乃是修行人的大忌，求悟心切，反而更增一重心障，豈得悟境現前。以有所得心求悟，縱然出現相似悟境，那是與我見、我慢相應的魔境，絕非真悟。永嘉大師的〈證道歌〉早就說過：「捨妄心，取真理，取捨之心成巧偽；學人不了用修行，深成認賊將為子。」

曾有一位新出家的弟子，哭泣著對我說：「我發覺我沒有道心，求師父開示。」

我便說：「很好，你已很有道心，安心修行吧。」

他又說：「我煩惱很重，業障好深，覺得不是出家的根器。」

我安慰他說：「你的煩惱已在減輕，你的業障已經變淺，你正應當出家修行。」

又曾有一位弟子向我求懺悔：「師父啊！我看到大家好會修行，我就是不會修行。每天白吃、白喝信施的供養，罪過好大，怎麼辦？」

我告訴他：「大家會不會修行，與你不相干，我證明你是正在修行；能夠以出家的僧相，接受信施的供養，就是大功德。只要使自己盡力而為，並且量力而為就好。」

如果還要問我：「是什麼道理？」

老僧告訴你：「《六祖壇經》不是說過嗎：『常自見己過，與道即相當。』」不論多大的過失，直下承當，便成無過。生死大事，亦復如此，雖有生死而能不戀生死、不懼生死、直下承當，便成自在於生死之間的大解脫人了。

案：本題曾於一九八六年一月十九日在北投農禪寺禪坐會講出，並由臺灣大學池仲芸同學整理成稿，之後我到紐約靜養中就原題另寫了這篇長文。

魔境

目前在臺灣、日本、香港、新加坡、美國，甚至全世界，都流行著各式各樣、五花八門的靜坐。可是，靜坐如果沒有老師指導，會發生身心的問題，因此，我也時常勸人不要隨意打坐。

昨天，有位居士來請教我，說他的一位朋友，自從學了打坐以後，即變成精神錯亂，問我怎麼辦？

事實上，在我們最近一次的禪七裡，也發生過這種事。打七者如果身心正常，僅在禪七進行中發生異常的現象，我是有辦法疏導的；假如，未打七前就潛伏了某些身心的毛病，且將原有的問題帶進禪堂，因而導致狂亂，那就比較麻煩了。

一、內魔與外魔

發魔的基本因素，來自於己，不在於外。主要是修學打坐的人，心裡夾雜著一些不清淨的意念，便容易發魔。

當這樣的人進入正知正見的佛法中修行以後，若能逐漸將歪曲的心態扭轉，便不會出什麼大問題。如果，還一直放不下心中不清淨的陰影，這種陰影的本身，就是我們的心魔。所以說，魔從自心起；當其顯現時，自然也可能招惹外魔和它相應。

清淨心首重知見，並不是說心裡一點煩惱也沒有才叫清淨。煩惱人人皆有，如果要斷盡煩惱才可修行，那唯有阿羅漢才夠資格；果真如此，那世間也就沒有可以修行的人了。所以，煩惱心動，甚至於煩惱的行為顯現，也沒有關係，因為你既是凡夫，當然有無盡的煩惱，重要的是若能知見正確，心魔就無落腳處了。

何謂知見不正？即修行是以追求什麼或逃避什麼為目的，而非以修行的本身為目的，也可以說，在你心中並未真正地放下世緣而來專心修行。

初學打坐的人，若心態未與正見相應，一旦努力修行，魔境立刻現形。所謂魔境，它沒有一定的形狀，而腿痛、腰痠、背疼、昏沉、散亂、妄想都不是魔，真正的魔能使你心神錯亂。

譬如：仇恨心重的人，當他精進打坐時，瞋恨魔會出現，這時候他對所接觸到的任何一切事物都看不順眼。貪心重的人，比瞋心重的人更麻煩，因為可貪的對象非常地多，比如：權勢、名位、財物、親情或男女之愛等；無論是未得到的，或已得到又失落的，只要存有一絲毫期盼擁有之心，雖沒有實際行動，在打坐時，便有麻煩的事產生。

知見不正的人，便是愚癡者，因為愚癡，所以患得患失；見好物、美事起貪心，求之不得，則瞋心起。就這樣貪、瞋、癡如連鎖般，互相鈎牽，使得心不清淨，問題叢生。

有人問我，是不是有一種修行的法門，可用自己的心力去操縱他人？我說：「有，但要先學會放下自我，才能操縱他人；如不放下自我，修行時又無明師從旁指正，發魔的可能性便大了。」

在《楞嚴經》、《摩訶止觀》、《小止觀》等書，都列舉出很多的魔境，而且都證實內心有魔，心外也有魔。外魔定由內魔引發，而內魔主要就是指我們貪、瞋、癡三種煩惱。

二、退魔的方法

菩提達摩所講的「二入四行」裡的四種行是：(一)報冤行，(二)隨緣行，(三)無所求行，(四)稱法行，就是教導修行人如何來對治魔境。

(一) 報冤行

「報冤行」就是面對任何的逆境，不論是惡意的打擊、無理的要求、種種的困擾，都將它視為是自己的果報，應該毫無怨尤地接受下來。

在這次禪七後，有位居士寫了一份心得報告，上面說——在未打七前，心裡總是忿忿不平，埋怨自己的丈夫不負責任、不會賺錢、不知照顧妻兒。打完禪七後，她整個的觀念都改變了，回家第一件事，便是跪在丈夫面前求懺悔說：「以往的種種都是我不好，你已盡到最大的責任，我卻怨天尤人，弄得家裡痛苦不堪，現在我知道，這些不如意的感受都是自己的果報，你是個好丈夫。」在兒女們的面前說：「你們要好好孝順父親啊！爸爸是位好爸爸。」

我不知道這位居士的先生有什麼反應，是不是受寵若驚？還是懷疑他的太太神經有問題？我想，她這麼做，先生、兒女會受感動的。她自己呢？從此以後再也不會抱怨，她會安於現實，接受她的丈夫，這就是修報冤行的功效。

用「報冤行」可以退除心魔和環境魔。什麼是環境魔呢？剛才我在休息時，聽到果慈居士在三樓教唱念，又打又敲。唱的聲音我聽不到，但她們在桌子上敲得乒乒乓乓，我在二樓隔一層樓板，聽得就好像每一節拍都打在我的頭上。我邊聽邊想：「這是要我修報冤行了。」經這麼一想，雖然聲音還是響個不停，但已和我無關了。為什麼？因為我不想它，而且接受了它；它客觀地存在，但已不會影響我了。

（二）隨緣行

「隨緣」的意思是因緣和合，因緣所促成的一切法都是虛妄，都非真實。因此，得到好的果報時，不可得隴望蜀，或喜不自勝而迷失本心，當用隨緣行來對治。譬如說，你坐了一炷好香，從來沒有過這樣的經驗，而你覺得自己好像體驗到開悟就是這麼一回事。或者一炷香坐下來，覺得身心輕安，通身舒暢，甚至已沒有身體的負擔，這時如果生歡喜心，就會著魔。

歡喜心在禪家稱為喜魔。你也可能會生起狂傲心：「哼！我畢竟是利根人，你看，打坐沒多久便開悟。」小心哪！狂魔已入你的心了。有些人，得到非常好的經驗之後，高興地拚命笑個不停，此時笑魔又有機可乘了；憂愁魔也是如此。這個時候，若能用「隨緣行」來對治，明瞭一切的善惡順逆境界，無非是因緣和合促成；我能得到這一點點的體驗，也是因緣造成，凡是因緣所生的，都不究竟，都是暫時妄有，哪有什麼值得歡喜、高興、驕傲的事呢？若能作如此觀想，魔境也不會出現。

有些人，笑的時候，忘記自己在笑；哭的時候，也不知自己在哭；只聽到哭是有人在哭，笑也是有人在笑；旁人以為他是驕傲的時候，卻不自以為驕傲，而是具足信心的表現。到達這種程度的人，需要老師的指導，否則，易成魔病。

如果沒有明師在旁，當以正知見為指導原則。例如，《心經》相當重要，《心經》說的「五蘊皆空」才能「度一切苦厄」，又「無智亦無得」，菩薩「以無所得故」，得成佛道。沒有老師在身邊，但具有正知見，雖多吃一點苦，還不致淪為邪見邪行的外道。如果知見不正又沒有老師，那魔是著定了。

所以，用「隨緣行」，知一切法皆是空無自性，便是具備正知見。因緣所生法，得到任何的結果，都不值得歡喜驕傲，「凡所有相皆是虛妄」，時時提起正念，魔必落荒而逃。

(三) 無所求行

我們這次禪七裡有位居士，老是看到前面人的背上，有對男女很親熱地摟在一塊，他用盡方法想把那影像從眼前除掉，然而愈是想除掉它，愈是纏得緊。因為內境和外緣糾結在一起，沒有辦法分開，當然也無法修無相觀。此時，當退而求其次，修「無所求行」。

如果一對青年男女在面前，惹得你異常煩躁，你若討厭，睜眼時，則身入其境；閉目時，印象又歷歷分明，你怎麼辦呢？若能改採不拒不迎的心態，視而不見，聽而不聞，前境自然會從你的注意力中消失。

有人告訴我說：「師父，昨天我打坐時，看到一大堆的美鈔，這是不是暗示我將來會到美國賺大錢？」我問：「真的還是假的？」他說：「清清楚楚絕非做夢，一打坐就出現。」很顯然地，這個例子，絕非天眼通的神力預見，乃是擾亂打坐的幻覺，當用「無所求行」來對治。打坐時不要想去不去美國，也不想賺不賺美鈔的問題，如果因緣成熟，真去美國，真能賺美鈔，也不必歡喜或恐懼。這就是說，對於打坐時的魔擾，既不主動接受它，也不打算將它趕走，只要把心用在方法上，繼續修行就好。

可是，你不求它，它也依舊出現在你眼前，怎麼辦呢？沒關係，換上面一種「隨緣行」的方法好了。

(四) 稱法行

最直截了當的是稱法行。法的本體，無定形定相，凡執有相，都是「非法」。因此，什麼是魔？誰被魔擾？當你認為有魔擾你，你已著了魔相，不但有魔相，也有我相。這個時候，用「稱法行」，作無相觀，當下便可遠離魔擾。

曾有這麼一則故事：有位禪師在河邊的茅蓬裡打坐，聽到兩個鬼說：「嘿！明天有個戴鐵帽子的人將過河，便是我們要抓的對象。」第二天，下大雨，河水暴漲。傍晚時，禪師看見一個人頭上頂了一口鐵鍋，正要渡河，這位禪師心想：「昨天晚上鬼所指的，一定是他。」便急忙呼喊：「喂！戴帽子的，不要過河，不然會死在河中哪！」那人經禪師這麼一說，河也不過了，便轉身回去。

晚上，禪師又聽到那兩個鬼說：「我們要捉的人，被和尚救走了，乾脆想法子逮住這和尚充數。」禪師一聽心裡想：「不得了，他們要逮我。外面的雨愈下愈大，水勢也愈漲愈高，甚至連屋裡也進水了。他們大概想用水來淹死我。不管它了，老衲就坐在這裡，要死就死好了。」因此便打坐入了定。突然又聽到那兩個鬼說：「哪！真奇怪啦！和尚明明坐在這裡，現在怎麼不見了呢？」任憑他們搜遍整個房子，就是找不到禪師。二天後，禪師出定，發現他並未被鬼抓走，水已退去，留下滿地的淤泥，並且從僧服裡摸出幾尾魚蝦來。

這就叫稱法行。諸位，聽懂了沒？有心不攀緣，心裡不存絲毫牽絆，便是無相。既無我相，亦無鬼相，鬼就無從抓起了。

但是，業障重的人，這種無相法門的稱法行，不易修成。

三、慎辨神佛

魔，為什麼會找上門？從佛法的立場上說，魔永遠都跟佛對立。魔王有統治欲和我慢心，當你不想逃出魔掌時，你本是他的順民，所以對你非常地放心，反正隨時都可以找到你；當你想逃出他的勢力範圍，也就是說當你想要修行出三界的佛法時，他就要來干擾你了。

有位居士離開某位外道的老師座下，進入佛門成了三寶弟子。一天他告訴我說：「我離開那位老師以後，非常地不寧靜，不但身心不自在，且憔悴疲憊不堪，事業也不順利，好像是被他控制住一樣。」我說：「為什麼要離開他呢？」他說：「我接觸佛法以後，發現他講的所謂『佛法』並非正信的佛法，雖然也講《金剛經》和《六祖壇經》等佛經，但那是依外道知見解釋的，不是真正的皈依處，所以遠離他，而皈依了佛、法、僧三寶。」我接著又問：「那位老師花掉你多少錢呢？」他說：「他的生活很簡樸節儉，沒想到要成為大富翁，也不要我們替他做宣傳，只希望我們擁護他，永遠地跟他修學。」

另外一個例子是：某位居士的哥哥，在某外道大師的座下，是非常重要的大護法。這位居士告訴我說：「我的哥哥生意本來做得很好，也很精明能幹，後來逐漸地被他的老師控制住行為，最滑稽的是，經常叫他到世界各國去買郵票。只要老師說：『在某國某處，有張什麼樣子的郵票，票額是多少，什麼年代發行的，你去把它以高價買回來。』他就會專程出國；不為旁的事，就是為了買郵票。郵票買回來，老師不會要，他自己只好保存起來；問他的老師為什麼買郵票，老師說是『救國、救民、救人類』。很多懂得郵票行情的人，告訴我說：『你的哥哥已經發狂了，某種郵票根本不值那麼多錢，他居然以高價蒐購，甚至搶購，好像要壟斷郵票市場般，這究竟是為了什麼？』那位大師不要郵票，也不要錢，就是不斷地指示他到處購買郵票，而所指示的，好像比郵票商的消息還要靈通。因此，我哥哥很佩服老師有大神通，老師說買，不敢不去，現在生意愈做愈糟糕。」

這位居士很替他的哥哥擔憂，問我怎麼辦？我說：「沒關係，你將他生意頂下來，讓他專門去買郵票好了。」他說：「不行，萬一他開了空頭支票，有連帶關係的家人，恐怕有麻煩。」我說：「大概不至於如此，他的那位老師，到目前為止，並沒有慫恿他的徒眾們去做違背社會秩序的事，所以他的老師會約束他的弟子。」

我為什麼要舉這兩個例子呢？因為有人（魔和神），會以某佛、某菩薩、某祖師的名字，來作招牌；甚至佛經裡根本沒有那麼一位佛菩薩及祖師的名字，他們也利用著來表現自己的力量。

有些體質特殊的人，會遇到一些神明借用他們的身體，行道若干年，然後離開；也有人突然會替人治病，甚至降神趕鬼。這些亦仙亦神佛的現象，實則遇善則善，遇惡則惡，是神也是魔。

為什麼他們熱衷於表現自己的力量呢？這便是鬼神教，或神道教的特色。從人天法的標準，他們是神道或天道；從無相、無我法的角度來看，修行而不離我執，當被列為魔擾的一類了。然而佛門中亦非絕無僅有，小魔現惡相做惡事，大魔現福德智慧相，做福德智慧事。佛與魔的差別，乃在於「無智亦無得」及「有智亦有得」的不同。

（一九八六年三月二日北投農禪寺禪坐會開示，釋果暉整理）

降魔

大家都怕魔，所謂「道高八尺，魔高一丈」，也有人說「道高一尺，魔高一丈」；道高，魔更高，祖師們也常以「法弱魔強」來形容修行人的努力，及其對於環境的感受。如此說來，好像我們這世界，就快要變成魔界了！然而誰是魔呢？殊不知，我們自己正在魔的裡邊，或者自己就是邪魔的化身。你不曉得誰是魔，那是因為「不識廬山真面目，只緣身在此山中」。如果自己承認自己與魔難解難分，則這個魔，處理起來便容易多了。

一、色不迷人人自迷

所謂魔，應加以解釋，它是一種阻礙力，也就是阻撓我們向前、向上的種種力量。道高，魔更高，這是相對的說法；沒有道、不修道，也就是說不修行、不知道佛法，魔是不存在的，也根本不知道什麼是魔。當自己修行以後，或者懂了佛法後，會發現魔。釋迦佛的八相成道之中，有一相是降魔，一直到最後快要成佛了，還有那麼多、那麼大的魔來困擾他，可見在修行過程中，要想沒有魔境，是不可能的事。

那些在菩提樹下的金剛座前，來考驗釋迦世尊的魔是什麼呢？歸納起來有兩大類：一是讓你賞心悅目的誘惑；一是讓你恐怖、害怕的威嚇。這兩類就是所謂的「威迫利誘」，都是魔。前者指的是用財、色、名、食、睡的五欲來誘惑你。財，是財物、財產。名，是虛榮、名譽。財和名，就是佛經中稱的「名韁利鎖」，名和利都是把你套起來的「枷」。色，是男色、女色。食，是飯食、飲料。色和食，就是中國儒家講的「飲食男女」。睡，使你放逸、懈怠。因此，財、色、名、食、睡的誘惑，都是魔。而後者指的則是，折磨你、威嚇你、恐怖你，使你害怕、退卻的魔。

以這個標準來看，豈非處處是荊棘，處處是陷阱了。在日常生活中離了五欲，還有什麼？五欲除了財、色、名、食、睡，還包括色、聲、香、味、觸。凡是眼睛看東西、耳朵聽聲音、舌頭嘗味道、鼻子嗅氣味、身體接觸的感覺，都有令我們喜歡或不喜歡的，這種好惡的分別心，就是由五欲而起的煩惱，這也是魔障。

請問諸位，你們大概都不認為是魔，不覺得自己正在魔境中，已經受著魔的困擾吧？實在講，若以佛看眾生界的彼此關係，恩怨難分、情結愛網、瞋忿嫉妒，使得每一個人互相成魔。對你而言，我是魔；對我來說，你是魔。你對我好，我對你好；你纏我，我恨你；你求我，我嫌你；你打擊我，我報復你，互相牽扯、干擾、折磨、誘惑，都是魔。我們都在魔境之中，而且都是製造魔境的一分子，但很少人能警覺到這一點。

那麼我們所處的世界實在可怕囉？且不要悲觀，讓我們把魔的種類分析一下，魔有四種：五蘊魔、煩惱魔、死魔及天魔。

二、魔由心上生

（一）五蘊魔：只要有身心的活動，就有色、受、想、行、識五蘊。色蘊是肉體及其所處的環境，其餘四蘊是精神。舉凡肚子餓了要吃、口渴要喝、冷了要穿、成年了要結婚、身體不舒服要看醫生等種種的必需，都使我們感到不得自由。這便是五蘊魔。

（二）煩惱魔：那就更多了。今天好高興，突然間中了彩券、發了大財、生了兒子、職位陞遷等等。這在一般人來說，是喜事，不是煩惱。通常說的煩惱是痛苦的事、放不下的事、求不到的事、捨不得的事。其實只要喜、怒、哀、樂等動了感情的事，無一不是煩惱。因此，我們平常人，能有離開煩惱魔的機會嗎？

（三）死魔：人類一出生，就逐步走向死亡，有生必有死，這是任何人無法避免也逃不掉的事。

（四）天魔：誰能逃得掉？我們自己都逃不掉自己的五蘊生死關，還能逃得掉天魔嗎？但通常所說的著魔，都是自己身心的魔，不是外邊的魔。天魔是自己身外的一種惡神、惡鬼來打擾你、折磨你。有人修行時怕鬼、怕著魔，我就告訴他，你放心，你還不夠資格讓魔找你。

佛經中說，若有一人發出離生死的出家心，魔宮便會震動。出離生死，便脫離了魔的管轄範圍，有一個就有兩個將脫離魔宮，魔王怕他的眷屬愈來愈少，當然恐慌，所以想盡辦法拉住你。普通的人，天魔不會找你的。通常講的道高魔更高，是指我們在身心和環境方面發生障礙，並不是天魔找上了你。

由於初期修行者的身心，尚未能適應修行的鍛鍊，所以產生一些不舒服、不順利的現象，就稱為魔。實際上，魔障的顯現，不一定修行才會發生，在日常生活當中，不論做任何事情，遭逢阻礙、困難，也是魔。例如，久不運動的人，突然去打一次球或划一次船，乃至多走一段路，都會引起全身疼痛的反應，但因為那不是修行，所以無人稱之為魔。

三、失敗為成功之母

最近我教一位弟子為《人生》寫一篇新聞稿，報導我們自己的活動情況，並指示四個原則：何時？何處？發生了何等事？有何等人參與？寫完以後，我一看不像新聞稿，要他再寫一次，還是不行，第三次寫完，還是有點問題。寫新聞是客觀的事實報導，不需要找資料、用思想，應該是最好寫的。但亦正由於要把自己站在純客觀的立場，不可自由發表議論，所以，不是那麼容易寫。我那位弟子說太難了，以後不想寫了！我告訴他：「你遇到魔了，不經降魔的過程，你便退卻，即是被魔降伏。」困難就是經驗，失敗是成功的條件。

在二〇年至三〇年代有一種專治梅毒的特效藥，發明人是德國的艾利（Paul Ehrlich），經過了六百零五次的研究，到六百零六次才成功，所以就叫它六〇六；又如電燈、電報、電話的發明，也都經過好多的失敗，何況是開悟？

萬事起頭難，任何事一開始做，就能像熟手、老手，哪有這樣的事！且看出家人敲木魚，好像很簡單，要你來敲敲看，就知不簡單了。敲得熟練的話，聲音的高低、速度的快慢，都得恰到好處，配合著而且是引導著大家念經，聽起來清脆俐落，念起來舒暢整齊。木魚敲得不好，大家念起來便會吃力、不整齊，結果各念各的，反而惹人煩惱了。

我曾經在一個小廟裡參加早課，那裡只有師徒二人，看見師父掌磬，徒弟掌木魚，師父念得快，徒弟的木魚敲得更快，師父為要壓過徒弟，就念得更快，快到木魚跟他不上，才慢了下來，於是，師父瞪著徒弟，徒弟一副無奈相。這哪像是修持？簡直是在找煩惱。

在大我十來歲的法師之中，我曾見到一位現居新加坡的隆根法師。二十三年前，我們中華佛教文化館誦《華嚴經》，請他掌木魚，參加的人都會有親臨華嚴勝會的法喜，因為他的木魚，已到爐火純青，使我佩服不已，此後再也未見如此的高人了。我新來的弟子們，學敲木魚時，很少不遇魔障，有的禁不起失敗，竟然怕敲木魚。

你們看，如果要遭魔，幾乎無事無物、無時無地，沒有魔在張起網等著你。佛菩薩會降魔，我們學佛從日常生活到定期的修行，雖然到處荊棘，應當以毅力和信心來克服它。

因此，我常對弟子們說，經常發現魔障是正常的，是好事，見怪不怪，習以為常，魔難雖有，卻障礙不了你的努力。若沒有魔障，此人倒可能是懈怠的懶鬼；既然已是鬼，魔也不值得找上你了。

四、吃苦自了苦

這幾天，有幾個人來農禪寺跟我求出家。我問他們：「你們了解出家的意義嗎？清不清楚出家的生活？是不是想像出家很美好？」他們說：「這裡的人很好、很親切，看起來毫無瑕疵、無憂無慮，好自在、很歡喜！」他們很喜歡我們的環境，尤其喜歡我們的人。其實他們完全錯了！我生活在這裡，我自己就有瑕疵，而且我的徒弟們都帶著滿身瘡疤進來的。這些從表面上觀察幾天，是看不到的，要住進來之後，才會慢慢地體會出來。因為佛法的生活方式及指導原則，使大家看來很好，但是只要你尚是凡夫，必定背負著與生俱來的問題進來了。

所以，我告訴他們：「出家不是為了逃避業報，不是為了來寺院裡享受清福，而是要抱著『我不入地獄，誰入地獄』的堅定心願來受苦受難。」這話很多人是聽不懂的，想想在世俗社會上也沒有地獄那般的苦難，怎麼可能出了家反而要受地獄之苦呢？是真的，我不是嚇唬他們，使他們不敢出家。地獄是你自己帶來的，你來時，雖把家庭、事業等有形的俗務擱下，但仍把你自己的業力帶來；業中就有地獄因，所以也像蝸牛搬家，怎麼搬也丟不去殼。出家時，即搬來了自己的地獄，人人既然都曾造過地獄因，本來要到地獄受苦的，結果因為出家，便在寺院的修行過程裡，提前接受苦報，倒也是很好的事。終生出家，最好能有終生在地獄受苦的心理準備。

五、魔障是好事

我自己現在就是在地獄裡。今天還有弟子跟我說：「師父！您太累了，從早到深夜，除了領眾禪誦，還得跑來跑去，一下子上文化館，一下子又要趕來農禪寺，講經、說皈依、講開示、接待訪客……。」我說：「我的業障重才會這樣子。因為負了三寶的恩，又背了眾生的債，所以身不由己，心不由己。我應該是在地獄的眾生，好在三寶憐憫我，沒感到有遊十八層地獄那樣苦，所以也沒有把包括你在內的善知識們，看作地獄裡的牛頭馬面。」

我所說的業障，也就是魔障；如果我們在業障之前討饒，以為已受不了、太苦了，那就是向魔障低頭投降。我們為了降魔，所以提起勇氣、打起精神，承受各種苦難與困擾的折磨，層層突破，終會有一天讓我們衝出重圍，還我自由的本來面目。

修行的態度和日常生活的態度，應該完全一致，不可打坐、念經是一種態度，日常生活又是另一種態度。修行就是接受一切艱難困苦的磨鍊和矯正，好比將一棵扭曲了的樹幹，用木樁綑綁，用繩子拉正；對樹幹本身來說，就是受了拘束與限制，不是自然地生長，但為使它成為正材大材，拘束與限制，乃是教育的手段。修行也是如此，修行的本身就是一種不斷地矯正的過程，它是一種教育的方式。如果已知這是教育，當然心甘情願；如不知道，便以為是無理的折磨，故視修行過程中的逆境，稱之為魔。其實，自古以來，諸佛菩薩、歷代祖師，都是從難行能行、難忍能忍中歷練出來的。

六、幻境魔擾皆消泯

初期修行者的魔障，大部分是自己的身心障礙；唯有大修行、大成就的人，才會有天魔擾亂。

在一次禪七中，有位居士深夜在禪堂打坐，他愈坐愈不對勁，覺得鬼影幢幢，背後有人走來走去，他就不敢再坐下去了，第二天告訴我：「師父，禪堂有鬼。」

我問他：「你看到啦？抓一個給我看看。」

他說：「怎麼抓呢？我一看他，他就消失了。」

我說：「那，鬼是怕你囉？那一定不是鬼。如果鬼是衝著你來的，道高魔更高，你看他一眼，它會瞪你兩眼，那才是真的鬼。這是你心裡胡思亂想，自己心裡有鬼，才會覺得心外有鬼。」

有個美國人在禪七時，一坐幾炷香未起座，到第四炷香結束，敲了引磬，見他動了動，還想再坐下去，我抓住機會問他：「連續幾炷香，坐得怎樣？」

他說：「我坐下去不久，牆上就出現了一幅景色，好美！看著看著我就進去了。」他看到景色很美就漸漸地進去了，享受著裡邊的美妙景致。

我問：「你知道身體還坐著嗎？」

他說：「我知道身體還坐著。我好像坐在窗口面前，朝裡看，裡邊太寧靜、幽致美好了，我好喜歡。」

問他：「有沒有觸摸到什麼？」

他說：「沒有。」

很明顯地，這是由他自己意識中所浮現的幻境。打坐時出現幻境，跟睡覺時出現夢境相似，如果執以為真，便阻礙你的修行，故也可以叫作魔境。但那不是外魔，而是出於自己的頭腦。

另有一種，真是心外有東西給你傳遞消息。我有位皈依弟子姜太太，住在北投，有天晚上她做了一個夢，夢見她弟弟腹部血肉模糊，她便告訴她弟弟要注意，要她弟弟多念觀音菩薩。隔幾天，她的弟弟車禍重傷，傷勢跟她夢中所見完全一樣，由於她信佛虔誠，現在她弟弟已康復了。這不是幻覺，而是一種感應。這並不是多麼了不起的事，有修行、沒修行都可能發生，這不是神通，神通是隨時要見即可見到的。在打坐修行時，這種事情也可能發生。我有個弟子，在禪七打坐時，清楚地看到一座墳墓，隔了一段時間，他的父親去世，墳墓不是他設計的，但竟然和他打坐時所見的一模一樣。今天在座的紀居士，說他曾夢見在美國的華盛頓有架飛機撞下來，變成白色的碎片，他還因此頭痛了十個小時，隔天在電視新聞上所見，就和夢中的情景完全一樣。

但在打坐時，不得疑神疑鬼，不論真假，全部不管它，你要管，便成了你的魔境，不理會它，你可繼續用功。如果是真，雖不是幻境，已成為你修行的魔境；若把它當作幻境，縱然真是魔擾，也奈何你不了。

用心修行，修到綿綿密密，心無空隙之時，天魔對你也無從下手，何況其他諸魔。假如修行的功力未到綿綿密密的程度，只要信心堅固，不要猶疑，不僅不著魔境，且能利用魔境，成為你修行的助緣。

本文係對一般的初修行者，或未修行者講的，至於佛教各經論中所述有關魔事、魔類、魔名，容於另文專題介紹。

（一九八三年四月二十四日北投農禪寺禪坐會開示）

禪病療法

一、前言

《大正藏》第十五冊收有一部《治禪病祕要法》，又稱為《治禪病祕要經》或《治禪病祕要法經》，是劉宋沮渠京聲譯出；另外一個題目叫《治阿練若亂心病七十二種法》，據說是依《雜阿含經》治病祕法七十二種法而集出，但現存《雜阿含經》中未見。該經所舉禪病，共有五種：第一，亂聲；第二，惡名；第三，利養；第四，外風；第五，內風。任何一種原因都會使人心亂而產生種種的禪病。此經備載：1.治亂倒心法，2.治四大內風法，3.治火大三昧法，4.治地大法，5.治水大法，6.治內風大法，7.治四大粗澀法，8.治噎法，9.治貪淫患法，10.治利養瘡法，11.治犯戒法，12.治樂音樂法，13.治好歌唄讚偈法，乃至治為鬼魅所著種種不安不能得定之法等。這部經雖然譯成中文，但是它講的方法與中國人的生活習慣、思想背景不太一樣，所以多半不能適用。其次，在人間修行的人，與在阿蘭若處修行的人，情況也不一樣。不過對於禪修的人，這仍是一部很好的參考書。

天台智者大師的《摩訶止觀》卷八上，有〈觀病患境〉一章，詳述病相、病因及治病的方法。在他的《小止觀》中也列舉了《雜阿含經》的七十二種治病祕法。智者大師所說的禪病，有四大不調、五臟違和、鬼魅所祟等，治病之法則有修三昧、修止觀、調息、用術、持咒、用藥等。大端是上者用三昧力治一切病、中者用止觀、下者用咒用藥。由於文義古雅，真正能夠照著治病的人不多。

今天，我想以淺易的說明，將禪病及其治病方法，略為介紹如下：

因修行禪定而得的病叫「禪病」；不修行，也會害病，但那不叫禪病。禪病可分為三類：第一是四大五臟病，第二是鬼魅病，第三是業障病。

二、四大五臟的禪病

因打坐而使四大五臟發病的原因共有四種：第一，心態不正；第二，方法不明；第三，飲食不調；第四，動靜失調。四大是地、水、火、風，五臟是心、肝、脾、肺、腎。

（一）心態不正：是指因有所求或有所懼而來打坐。譬如說，年紀大，腎功能差了，房事變得無能，聽說打坐可以強腎強精，於是就來學打坐；或是以為打坐可以使人返老還童、青春永駐，所以來打坐。像這種根據似是而非的理論而追求不正當目的的，叫作心態不正。雖然打坐的確可以達到這些目的，可是卻也會因此而帶來身體的麻煩，導致身體發病。

（二）方法不明：譬如，不了解數息的方法，只是聽到或看到幾句有關打坐的知識，就開始憑蠻牛似地勁數呼吸，並且認為自己身體還不錯，身體還滿堅強的，可以一直硬撐下去，如此一定會出毛病。書上說的和老師教的只是原則，真正修鍊的時候，還得自己加以揣摩。這是指的數息，若用其他修定、參禪的方法時，如果對方法沒有確實地明白，同樣會帶來身體的病患。

（三）飲食不調：有的人相信餓肚子可以使頭腦清醒，這個理論也似是而非。當我們在肚子非常餓的時候，已經沒有飢餓的感覺，若這時候再用心力去用功，由於體力不足，身體會出毛病。

在上次禪七中，有一位禪眾很少喝水，因為她怕小便，結果五內如焚，肚子熱得很難過，像一座火山，問我：「怎麼辦？」我說：「喝水啊！」她說：「喝水要上廁所！」我說：「去啊！」

正常的修行，口渴了就要喝水，肚子餓了就要吃飯。若是為了省麻煩，要就不喝，要就灌得一肚子裡都是水；或要就不吃，要就吃上幾大碗，這對身體都有害無益，喝水要適可而止，吃飯不能夠超過八分飽。

（四）動靜失調：有的人是因為懶散，有的人是貪著打坐時寧靜的舒服感，就一直坐下去。

這種人可以坐得很久而腿不會痛，也許頭腦還有念頭，但是氣息還算順暢。當然，如果他全身氣脈完全暢通，應該沒有問題；只要有一處氣脈不通，就會帶來麻煩。所謂氣脈完全暢通的人，是身體上任何一部分，一條血管，乃至一個毛孔，血液和氣脈都能夠完全流暢通達。

初學打坐時，很多地方都是不通的。臀部壓在墊子上就是不通，盤腿時夾住、壓住的地方也不通，還有我們內臟裡重疊的地方，不是緊張就是被壓縮，所以也有不通處。如果能夠達到全身氣脈、毛孔暢通的程度，坐得再久，不運動身體也沒有關係；但這只有已經修行相當久，而且還保持每天長時間打坐的人才能夠做到。

當氣脈不通時，得用運動來補救，諸位知道少林寺和尚的拳術，和印度瑜伽術有深厚的淵源關係。瑜伽的意思是相應——運用調身的動作運行，使人在動態時，仍然能身心一致，這是鍊身也是鍊心的方法。在靜坐中，也有人能自動演出拳術的路數，及瑜伽術的動作來，這就是說，打坐要有運動來配合。長期在禪堂打坐修行的人，每天要有工作，工作雖不等於運動，工作中卻包含了運動。

人的身體中只要任何一部分的肌肉、皮膚、神經有了阻礙，而久久不予調整，即會造成四大五臟的疾病。如果每個毛孔、每塊肌肉、每根神經都是暢通的話，身體一定是健康的。現代的都市人每天生活在冷氣房內，能夠勞動而滿頭大汗的機會不多，這就容易患高血壓、糖尿病等文明病。運動以後身體會出汗，使得新陳代謝正常，氣脈舒通。因此，在禪修中有用動態的跑香及瑜伽操來調和靜態的打坐。

只要能夠把握以上的四個原則，則我們的四大五臟便不容易害病。

三、鬼魅附身的禪病

所謂鬼病，是由於打坐的人陽氣不足，或者是心態不正而惹鬼上身。有人說，打坐可以使陽氣上升，其實陽氣不足就是因為自信心不夠、意志力薄弱。由於先天上的體能較弱、依賴心、懷疑心及社會觀念的關係，使得女人的自信心和意志力多半不及男人。雖然今天是男女平權的社會，男人做的事情，女人也有能力做；然而經過一次又一次失敗而能堅持做到底的宗教家、學問家、事業家等，還是男人較多。古來東、西方的鬼魅與人間發生關聯時，多半以女性為媒體；所謂妖巫，所謂怪力亂神，多係藉著陰氣晦氣的人體，而活動於人間。

身體不好的人不一定沒有陽氣，只要他的心志堅強，鬼魅就奈何他不得。相反地，有人雖然長得高頭大馬，如果心志渙散，便是陽氣不足；這也就是許多大人物、大事業家為什麼都是無鬼無神論者，因為他們根本感覺不到有鬼神的存在。

如果為了一時安全感的錯覺，而把命運交給鬼神，這將為你帶來無限的困擾；那些被民間稱為陰神的鬼魅，雖也能為人們解決一些問題，可是惹上之後，衰運便會接踵而至，所謂的「請鬼容易退鬼難」。

若因陽氣不足，惹上了鬼魅，如能以錯覺、幻覺來處理而不予理會，鬼魅也會自行離開。意志力加強，鬼魅就無法接近。

鬼魅是飄盪浮遊的幽靈，他們是微細的物質體，可以穿牆過壁，東沒西出，有其一定的活動範圍，沒有固定的住宿之處。

鬼並不是隨時隨地可以看到人的，跟他有緣的媒體，他才看得見。那些無神論的大人物，鬼是碰不上的，因為他們的身體周圍，有一股由強大自信心和意志力所形成的力量（這種力量可以用精密的儀器測定出來）保護著。陽氣不足的人就缺乏這種力量，鬼魅都需要依草附木，因此，當他們遇到這樣的人就會趁虛而入，附在人們的身上。缺乏陽氣的身體，就像沒有精神體的草木一樣，而比草木更具有吸引力，因為你還是個人，他要利用你的身體，指揮你的頭腦，來發展表現他的力量，這就是惹鬼的原因。

因此，常常心虛膽怯的人，打坐時鬼就容易上身；但正確的打坐方法能使意志力堅強起來，堅信自己可以突破一切困難而修行成功，能夠這樣，鬼魅根本看不到你了。

如果打坐時，甚至還沒有開始打坐，就準備求感應、靈驗和鬼神保佑，打坐到神智恍惚之際，先是若有若無、似真似幻地聽到什麼、看到什麼或感覺到什麼；進一步由於心有所求，便會感應到飄浮在你周遭的幽靈上身，而漸漸地擴展他的靈力，到了將你的身心運用自如之際，你就成了幽靈顯現神力的工具。這也正是佛法不重視鬼神，修行不可為求感應的原因。因為知見不正、神佛不分，便得不到佛法的利益，甚至會失去健康的身心和正常的生活環境。所以修習打坐的人，先要持戒懺悔，不得增長貪欲、瞋恚等不清淨的念頭。

另外一類鬼病是神經系統上的。有一些人身體較衰、意志力薄弱、自信心不夠，經常期待著救濟和幫助；他們打坐時若聽到不正常的聲音或怪聲，便會引發神經錯亂而瘋狂，這種病比一般的精神病嚴重，所以很難治。

這種有鬼魅附身而使得精神錯亂的病人，只要對三寶、對師父有信心，能夠接受師父的指導，照著師父的命令來調身、調息、調心，那是很容易退治的。如果被鬼魅控制，失去了理智，喪失了自主能力的話，就比較困難了。只好暫時用鎮靜的藥物使他的神經鬆弛，安睡休息一陣就好；假如著鬼已很嚴重，藥效一失，他馬上又會發狂，最後只有用「他力」的方法，為他念咒（最好是請持咒已有效驗的人，否則臨時為了趕鬼才學念咒，恐怕沒有大用的），或代他拜懺修功德。若為小力鬼魅，請人用民間信仰的「收驚」來幫助他，也是辦法之一。

可是有這種問題的人，他們往往不會承認自己有鬼病，那只有靠他人的幫忙了。所以修行禪定，最好不要一個人獨修，應該與較有修行經驗的人共同修持，或請老師就近指導，也就是修行人需要有人護法。

四、先世業障的禪病

業障病又分為外病、內病兩種。外病是由於福報不夠，所以修行時會發生障礙。譬如，平時不肯放人家一馬的人，便會到處碰到荊棘；平時多給人方便的人，修行時會吉祥如意。如在過去世不結人緣，而且處處與人作梗，修行時就會有業障病。今天有一位先生問我：「我的心很髒、很鈍、很亂，怎麼辦？」我說：「持戒修定！」他又說：「可是我的環境，使我無法持戒，我的工作也不許可我修定，有沒有另外的方便法？」像這種人為什麼不能持戒修定？因為有業障！有的人看到出家人的修行生活，很感動和羡慕：「我如果在二十年前就遇到佛法的話，我也希望如此。」為什麼二十年前就沒想到要尋求佛法？這也是業障。

另外一種是內在的業障病，就是由於惡業太重，所以不修行身體沒有事，一修行就頭疼、背痛、鬧肚子，或是火氣上升，或是氣息不調。修火光三昧，身體會發燒；修水光三昧，身體會浮腫；修不淨觀時，身體會發瘡、潰爛，乃至想自殺；修數息觀時會臉脹、氣塞等等。他明明知道有好方法，但是不得要領，甚至引起反效果，縱然沒有任何人、事的干擾，也會庸人自擾。

有業障病的人，要常行布施，讀誦大乘經典，禮拜諸佛，懺悔先世罪業；修慈悲觀，發菩提心，願度一切眾生，盡心盡力，自利利他，多造福業，廣結善緣，增長智慧，開發心地，然後業障就會消除，而可以順利修行禪定了。

（一九八五年三月十日北投農禪寺禪坐會開示，釋果暉整理）

禪的修行與體驗

一、緒言

諸位法師、諸位居士、諸位同學，我非常感謝貴會理事長李謇長者替我做的介紹，及對我的鼓勵。今天我所要講的題目是「禪的修行與體驗」。事實上，我非常地忙，忙得連準備些什麼內容來做這次演講都沒有空。所以，我只是非常粗淺地來介紹有關禪的修行方法和過程。

實際上，有沒有禪這個東西？禪的本身並不執著有個禪宗，或有個禪可修，從佛法的修行來講，無一法不是匯為同一個目標——離苦得樂、明心見性、見性成佛。顯、密諸宗無一宗不是主張戒、定、慧三學並重的；但是，禪在中國是一個特殊的名字，一提到禪，可能就覺得是一種頓悟法門。然而，究竟有多少人，不假修行而頓悟的呢？甚至於能夠一悟就永悟的呢？那樣的人，在中國禪宗的歷史上，我們見到的不多，甚至於非常地少。因此，禪宗的頓悟之說，只不過是鼓勵人來接受佛法，如果你能跟佛法非常契機的話，一下子就能開悟。這種觀念影響到後來的一些人，變成不用功修行，而專門來談公案、說心性、空口說白話，說食數寶，毫無用處，只是增加驕傲、狂見而已。所以，今天我來介紹禪的修行方法。

二、禪的修行

所謂禪的修行，究竟是怎麼修？修些什麼？告訴諸位，除了戒、定、慧三學之外，沒有其他東西可修。

（一）持戒是修行禪的先決條件

佛教的顯、密諸宗，無一宗的修行法門不主張先從持戒做為下手的工夫。不持戒，修行禪是不可能的事。現在，我們慢慢地來說明這些問題。

很多人在看了禪宗的公案之後，發現有一些祖師們不拘小節，不嚴持戒律，如歸宗斬蛇、南泉殺貓之類，即以為禪宗是不需戒律的。其實，他們是已出了格的人，才能如此；而還在格內的人，就必須持戒。換句話說，尚在因果之內、未出生死的人，就必須持戒。

戒的定義有兩種：消極方面，不當做的不可以做；積極方面，當做的則不可以不做。

1. 消極地持戒：不當做的不可以做。此有兩層意思：

(1)已作之惡令斷絕：已經做了的惡業怎麼辦？在天台宗的五品弟子位，首以五悔為修行的入門方便，也就是從懺悔開始；此在顯教、密教諸宗無不亦然。在修行過程中，每日早晚都要懺悔，其目的在於使我們外障漸除，內觀增明。如此，我們的心穩定下來之後，才能夠修行其真正的法門而得到利益。

(2)未作之惡令不起：如何使惡不起？那就是要我們離開五欲，遠離八風。所謂「五欲」便是：色欲，眼睛所見的；聲欲，耳朵所聽的；香欲，鼻子所嗅的；味欲，嘴巴所吃的；觸欲，身體所接觸的。這些都是增長我們的貪心，如果得不到，就會起瞋怒心。若能遠離五欲，我們的貪、瞋、癡就會減少。如此心便能落實，身心也會因此而得平安。

所謂「八風」，便是利、衰、毀、譽、稱、譏、苦、樂。這八種風，能煽起煩惱的火。什麼是「利」？得稱意事名為「利」，即是利益。利益是人人都喜歡的，也是人人想追求的。譬如，今天諸位來聽演講以前，心裡就想著，今天希望從法師的演講裡得到一點法益。當然，這也是求益，不過，這種求法益的心雖然也是功利，卻是好的，至少可以減少你的煩惱。另外，如果你求的是財貨方面的，如用什麼辦法可以賺更多一點錢，以致將你弄成利欲熏心的程度，那就是被「利」風所動了。

什麼是「衰」？失稱意事名「衰」，即是損失，是人人希望避免的。如果為了一件事，你想從中得到一些利益，結果反而受了損失，你的心就會懊惱、痛苦，那就是被「衰」風所動了。

什麼是「毀」？背後誹謗、攻訐名為「毀」，即是毀謗。例如，有人對你無的放矢、含沙射影，你仍能夠不動聲色，這實在不易。所謂「是可忍孰不可忍」的感受，是通常的反應；即使確有其事，真的做過虧心事，被人揭瘡疤而痛苦，也是人之常情。

什麼是「譽」？背後讚美名為「譽」，即是美譽。有人說：「名譽是第二生命。」可見其視美譽的重要。相同地，有人在你背後讚美你，你知道了，你可能說那無關重要，但是你心中仍然會很高興，亦是被「譽」風吹動了。

什麼是「稱」？當面讚美名為「稱」，即是稱讚。當你做了一件好事，有人當場稱讚你，你感覺到洋洋得意，或自感安慰，都是被「稱」風吹動了。

什麼是「譏」？當面毀謗名為「譏」，即是譏諷。如果有人在你面前對你用尖酸刻薄的話冷嘲熱諷，甚至於大庭廣眾前，當場給你譏評、諷刺、難堪；你有涵養的話，大概不致以牙還牙，但你若已感到倒楣冤枉而氣憤填膺，便是被「譏」風所動了。

什麼是「苦」？逼迫身心的感覺名為「苦」，即是痛苦。苦有四苦、五苦、八苦的分類法，主要是求不得、怨憎會、愛別離、五蘊熾盛、生老病死等的痛苦。一切事，只要會使我們身心感覺到壓迫和不自在的都是痛苦，要到六根清淨位，始能不受「苦」風所動。

什麼是「樂」？悅適心意名為「樂」，即是喜樂。只要會引起我們的身心感覺到舒服、暢快、愉悅、快樂的，我們就想保持它、占有它、貪著它，此便是被「樂」風所動。

以上所講的「衰」、「毀」、「譏」，會為我們帶來「苦」受，「利」、

「譽」、「稱」，會給我們帶來「樂」受。如果，我們能經常提高警覺，遠離五欲，勘破五蘊，就能不為八風所動。相傳宋朝的文豪蘇東坡，有一段很有趣的軼事，由於他生平酷愛佛學、喜談禪理，故與江州承天寺的佛印禪師為莫逆之交。有一天，東坡居士作了一首偈語，自覺很有見地，就派人送過江給佛印禪師看，佛印禪師接過一看是：「稽首天中天，毫光照大千；八風吹不動，端坐紫金蓮。」

佛印禪師閱後，把來箋翻過來，批上四個大字：「放屁，放屁！」仍交原人帶回。東坡居士閱箋後，非常惱怒，本來想請佛印禪師給他印可的，應讚美他境界高超才對，不料卻被澆了一盆冷水，於是，連忙親自過江找佛印禪師理論。佛印禪師早就預料到東坡居士會過江來的，於是，一看到東坡居士果然來了，就哈哈大笑說道：「八風吹不動，一屁打過江。」東坡居士一聽之下，大生慚愧。從此，再也不敢隨便說大話了。

這說明了行、解相應的重要，連自以為「見地高超」的東坡居士，都被「譏」風所動了。

2. 積極地持戒：當做的不可以不做。此亦有兩層意思：

(1) 已作之善令增長。

(2)未作之善令生起：當做什麼？就是行六度中的布施、忍辱、精進。我們持戒後，自然貪心減少，慈悲心隨著增加。布施是六度之首，也是培養慈悲、廣結善緣的方法。忍辱則為修行者的有力增上緣。剛才，李長者替我做介紹的時候，也說我是一位從艱苦中磨鍊出來的苦行僧。其實，我在苦中之時，自己沒有感覺到如何的苦法；也唯有從苦的境遇裡，才會有精進奮發的心。如是在歡樂之中長大的人，他對於人的慈悲心、同情心便不容易產生，他也難以體會出眾生有苦、世間有難！

對於一些批評毀謗我的人，我常常把他們當菩薩看。譬如，我能到日本留學，我必須感謝天主教的一位神父，和基督教的一位牧師。因為，他們曾經撰文公然地批評佛教，指出今日的和尚，知識低落到不僅無人懂得梵文，無人通曉今日世界通用的語文，即使通達中文佛典的也少之又少。我看了以後，心中非常難過，因此，發願為中國佛教的僧人在學術的地位上爭一口氣，而出國去了。出國後不久，在國內的僧、俗二界，非但甚少有人支持我，且有不少人公開或私下做惡意的批評，及善意的論議。甚至我的師父亦曾為此事，要我公開澄清，並且特地到東京來看我。在這種情況之下，對我的壓力愈大，愈促使我努力把書讀好，完成了在東京六年多的課程，而取得了碩士及博士學位，並出版了博士論文。當然，我始終感謝三寶的加持，使我愈挫愈奮。這應該是忍辱所產生的力量了。

(二) 修定是進入禪門的方便法

在唐朝以前，中國的禪是以修定為主的，所謂禪觀或禪數；而唐朝以後，初期的中國禪宗，是以慧為目標。至於我自己，則時常跟我的弟子們說，禪的修行，是必須經過定的過程，但不以定為目標，乃以定為進入禪境的手段。若修定不修禪，易落入外道的四禪八定；若修禪不修定，能夠進入禪境的可能，就極為渺茫。故在中國禪宗的祖師之間，對於定，分作兩種不同的態度。

1. 第一種態度的系統──對「定」採取否定的態度。也就是說，不需入定，便能直接進入悟境或禪境。

(1)佛陀時代有些「慧解脫」的阿羅漢，未先修定便得離欲。

(2)在中國禪宗三祖僧璨的〈信心銘〉頭一句就說：「至道無難，唯嫌揀擇。」意思是說，尋求最高的道並不難，只要你能除去了分別心，至道便在你的面前出現。因為，道是自然的，不假方便的，道若可修的話，那一定不是至道的第一義諦，只是方便法的第二義諦。

(3)從禪宗六祖惠能的《六祖壇經》可以看到兩偈：

神秀偈曰：「身是菩提樹，心如明鏡台；時時勤拂拭，勿使惹塵埃。」

惠能偈曰：「菩提本無樹，明鏡亦非台；本來無一物，何處惹塵埃。」

由上面的偈子可知，神秀仍未見到離絕「人我、法我」二執而顯現的真如本性，仍是在有分別的心境上下工夫，如此，就不是禪，是漸次修定的過程。而惠能認為菩提本來並不是什麼可以生長的樹，自心本明，並不如鏡有台；心地本來就光明皎潔，何處惹來灰塵及汙垢而需要拂拭摩擦？這是不作修行的至高禪境，亦是對於定的修持，站在否定的立場。

(4)從馬祖道一的「平常心是道」來看，馬祖主張行、住、坐、臥盡是禪。非凡夫行、非聖賢行，便是菩薩行；無造作、無是非、無取捨，故謂平常心為道。主張：「本有今有，不假修道坐禪；不修不坐，即是如來清淨禪。」

(5)從宋朝的大慧宗杲直接教人參個「無」字話頭來看，他主張以直截了當的方法，直參「無」字話頭，使其分別不生，虛明自照。故此，宋朝以後，叫人參話頭的方法，非常盛行。此雖已經有了修行方法，可是仍不落階梯層次，因為一落層次，就不是禪了。

2.第二種態度的系統——對「定」採取肯定的態度。這是說，慧由定生，依定發慧。

(1)從《遺教經》的「制之一處，無事不辦」來看，釋迦世尊教比丘們修行，主要也是用的禪觀方法。就是教人將散亂的心念集中起來之後，心得統一，心能統一，就不會受任何外境所動，而能遠離煩惱。因此，「制之一處」乃是漸次修定的工夫，到達最高層次，便是小乘的阿羅漢果。

(2)從五祖弘忍的〈修心要論〉（即〈最上乘論〉）所說「行知法要，守心第一」的意思來看，就是教人將不動的真心守住，若能守住真心，妄念自然不生；妄念不生，「我」及「我所」心滅，無明消失、智慧產生，後得成佛。這種守心的工夫，即與制心相似，也即是定的修行方法。

(3)從永嘉玄覺的《永嘉集》之〈奢摩他頌〉所說「惺惺寂寂」，「寂寂惺惺」的主張來看，惺惺是「觀」，觀照我們的心念；寂寂是「止」，靜止散亂的心念。當一念不生之時，仍是非常清楚，便成了止觀不二，或云寂照不二的工夫，悟境因此現前。

(4)從憨山德清的〈觀心銘〉所說「觀心無相，光明皎潔」的意思來看，當一念不生之際，便能徹見自心，了無一物，乾乾淨淨、圓圓明明，充滿法界。他既主張「觀心」的重要，此心不論是淨是染、是真是妄，凡用觀照工夫，便是一種修定的方法。

(5)從宏智正覺的「默照」法門來看，默照的本身便是上乘的定境。他一生提倡默照禪，其〈默照銘〉所說「默默忘言，昭昭現前」，即是在離言的默默之中，不失靈然的觀照工夫。一片寂默而又清明朗照，默而照、照而默，大自在、大活潑，達到「透頂透底」的一片悟境，此仍是定的境界，卻亦是慧的境界了。

(三) 慧就是禪

禪宗不以為從經教、理論中可以得到智慧，所以稱語言的經教為葛藤絡索。智慧不從外求，但由心悟，所以禪的本身，就是智慧。以直截了當、快刀斬亂麻的方式，破無明的厚殼，出生死的迷網。當你突破自我中心的情執，無差別的智慧現前之時，一切經教便成了你自己內心中的事物，縱然未涉及經教，所見亦必與經教相應。是以真正由明師指導，用禪的方法而得開悟的人，必定行解相應，與經教的理論不謀而合。例如，在美國有一個中國籍的女子，打了一次我的禪七之後，她到沈家楨居士處，看到一部《圓覺經》，當她看完了第一段，就曉得第二段是講些什麼，看完了第二段，下一段講些什麼，她也知道。於是沈居士感到驚訝地告訴我，我說我無祕密法門，只用禪的方法，使她的慧根發起了一點作用。

禪宗主張「不立文字」，但在中國佛教的大乘諸宗之中，禪宗所留下的文字最多。例如，大慧宗杲雖把他老師的《碧巖錄》燒掉，說是這個東西害死人，不要讓以後的人再上當。結果，他自己也寫了許多、說了許多。文字只是用來做為通往悟境的路標而已，如果，你能遇到一位明師指導，而你又相信他，跟他學習的話，不用文字經教，也可達到悟的目的。我雖不能保證在多少時間之內，你一定會得到什麼效果，但是，如果你繼續努力下去的話，定會有意想不到的收穫。困難的是，你若不依經教，便不易判別誰是邪師誰是明師。

（一九八二年三月二十八日講於中華佛教居士會，果惠居士錄音整理）

中國的維摩詰——龐居士

一、前言

一九八四年十月二十一日，我在臺北北投農禪寺的週日下午禪坐會上，以龐居士的〈日用事〉詩偈，做為講開示的主題依據，當時自以為尚有些內容，經過七個月之後，再看從錄音帶整理出來的稿子，雖句句都是我講的話，卻覺得空洞無味。因此把《龐居士語錄》從《卍續藏經》中抽出來仔細詳讀，並見到我的書架上，尚有此書的 Ruth Fuller Sasaki 女士的英譯本 *The Recorded Sayings of Layman P'ang*《龐居士語錄》，以及日本學者入矢義高氏的日文譯註本。讀來非常歡喜，是以寫了這篇文章替代那篇錄音稿。

我不希望這本《龐居士語錄》被誤認為是代表居士佛教的產物，也不覺得龐居士的存在，使得僧侶有失光彩，倒以為禪法的修行由龐居士而證明，僧俗皆可獲益。禪宗史上的傑出人物，為何僧多而俗人如鳳毛麟角？問題在於在俗修行者的心行是否正確。

二、龐居士的生平

中國佛教史上，有兩位居士，最受後世所傳頌，一位是自稱為善慧大士的傅翕（西元四九七—五六九年），另一位就是龐蘊居士。

龐居士，字道玄，他的生歿年代不詳，從集成於唐末五代之世的禪宗早期史書《祖堂集》卷十五所見的記載，只知他生於湖南的衡陽，見到馬祖道一大師，便問：「不與萬法為侶者是什麼人？」馬師回說：「待居士一口吸盡西江水，我則為你說。」居士便於言下大悟，立即借筆硯，寫下開悟偈：「十方同一會，各自學無為；此是選佛處，心空及第歸。」遂不變儒形，心遊像外，混跡人間，初住湖北的襄陽東巖，後居郭西小舍，唯將一女扶侍，製造竹簍，令女市貨，以維生計。遺有樂道偈三百餘首。

又從《祖堂集》卷四〈丹霞和尚章〉說到丹霞天然（西元七三九—八二四年）初與龐居士，同侶入京求選官，因在途中，遇一行腳僧，同席喫茶，僧問：

「秀才去何處？」他們說：「求選官去。」僧曰：「可惜許工夫，何不選佛去？」遂勸他們兩位去江西，參見馬祖大師。以此可知龐居士與丹霞禪師，本係儒生，是有心於功名的士子，結果棄儒從禪，成了馬祖大師門下的法將。丹霞先參馬祖，馬祖示其緣在石頭希遷（西元七〇〇—七九〇年）。根據《龐居士語錄》，則說居士先參石頭，次參馬祖。對此先後之說，甚難論定，只能因此知道，居士曾與馬祖及石頭，均有法脈因緣。石頭印可居士之後，還問他：「子以緇耶素耶（出不出家）？」居士曰：「願從所慕。」而未出家。

至於龐居士為何沒有出家，則與《維摩經》的思想，有極大的關聯。從四祖的〈入道安心要方便門〉、五祖的〈修心要論〉、六祖的《壇經》，均引用《維摩經》，《六祖壇經》並主張：「若欲修行，在家亦得，不由在寺。」到《祖堂集》卷十五，敍述馬祖門下的〈歸宗智常禪師〉及〈汾州無業禪師〉等章之中，也屢次提及《維摩經》。縱然這些人都是過的出家生活，也不否認居士亦可獲得佛法的實益，這是釋尊時代開始即已有了的共識。從《龐居士語錄》所見，他與女兒靈照是相依為命的，可能當他自湖南到江西，又到湖北，雲遊各方，結交許多善知識時，也是由其女兒擔任常隨的侍者，並以勞力換取父女兩人的川資。

所以後來的靈照，也是一位悟入無生、生死自在的大修行者。又從《龐居士語錄》，見到龐婆與其父女的「難易」三部曲的對話。在《禪宗頌古聯珠通集》卷十四，也見到了龐婆入鹿門寺供齋迴向的作略，證知龐婆，亦非凡流。另在龐居士的詩偈之中，有一首說：「有男不肯婚，有女不肯嫁，父子自團欒，共說無生話。」被後人認為他是有男有女有妻室的人。其實《維摩經》之〈佛道品〉中早就說過：「智度菩薩母，方便以為父。」「法喜以為妻，慈悲心為女，善心誠實男，畢竟空寂舍，弟子眾塵勞，隨意之所轉。」因此，在龐居士的詩偈中，也說到了：「故宅守真妻，不好求外色。真妻生男女，長大同榮辱。」龐居士的「故宅」即「空舍」，「真妻」即「法喜」，「男女」即是「法喜」所生的「慈悲」與「善心」。這樣的男女，自然不必「婚」、「嫁」了，自然只能與之共說「無生話」了。並且他又形容他的「家」況說：「家內空空空，空空無有貨。日在空裏行，日沒空裏臥。空坐空吟詩，詩空空相和。莫怪純用空，空是諸佛座。」這是《維摩經》的〈問疾品〉及〈入不二門品〉的思想型態。居士寂後，當時的州牧于頔，把他比作印度毘耶離城的維摩詰（見《龐居士語錄》卷上），自有其理由也。又如維摩詰所居，稱為方丈，而龐居士說他的居處：「草屋有三間，一間長丈二，一間安葛五，一間塵六四。余家自內房，終日閑無事。」「葛」藤，即是知見，又稱為「塵」勞，他自己的內在雖是空寂常「無事」，仍不離世間塵勞的範圍，這是維摩詰所說的菩薩境界。維摩詰居丈室，而空廣無邊，龐居士住丈二的草屋，而終日無事。此仍出於龐居士以維摩詰自況的思想。

三、不戀一物，不著一塵

在早期的禪籍之中，有關龐居士的傳記資料非常之少，自宋、元以來，例如，宋代的《禪宗頌古聯珠通集》卷十四中，加上了「居士以家業盡投湘水」之說。到元代的《輟耕錄》卷十九則云：「蓋相傳以為，居士家資巨萬，殊用勞神，竊自念曰：『若以與人，又恐人之我若，不如置諸無何有之鄉。』因輦送大海中。」明朝董其昌的《容台別集》卷一，似乎採用了以上兩種傳說，予以綜合而云：「龐居士有家貲百萬，皆以擲之湘流曰：『無累他人也。』」由這些資料看，龐居士原是一位大富長者。這可能是與佛世的須達長者聯想而成，也因《維摩經》曾說：維摩詰居士是毘耶離城的第一等長者，而且「資財無量」。又以僧肇三藏注《維摩經．方便品》中，也提到：「外國白衣，多財富樂者，名為居士。」龐居士既被譽為中國的維摩詰，便順理成章地說他擁有「家資巨萬」了。至於為何不用以布施貧窮，供養三寶，竟投之於水？這與他詩偈所表現的意趣有關，他說：「貧兒把他物，被物牽入塵。」「所求不稱意，合家總啾唧。」又說：「富兒雖空手，家中甚富溢，自有無盡藏，不假外緣物。」此本是眾生皆自有佛性的思想，心外求佛，等於殺佛，心外求法，無法可求。此也正是馬祖大師示大珠慧海的那個「自家寶藏」的意思。後人附會，便說居士既不以身外財物為真富，且成為牽累，所以把巨萬的家資，投擲入水了。

在龐居士的詩偈中，也可以看到他修證之後的家況，好像是非常簡陋的，他說：「余家久住山，早已離城市。」又說：「老來無氣力，房舍不能修；基頹柱根朽，椽梠脫差抽；泥塗零落盡，四壁空颼颼。舉頭看樑柱，星星見白頭；慧雲降法雨，智水沃心流；家中空豁豁，屋倒亦何憂。山莊草庵破，余歸大宅游；生生不揀處，隨顙說無求。」以上的描述，類似寒山的生活意境。雖可以看作龐居士的實際家景，更可以視作龐居士的心境。若將詩中的「家」、「宅」，看成塵世的六根六境，也是出世的涅槃妙心，則更妥當，尤其由於「山莊草庵破，余歸大宅游」兩句，點出了草庵是根塵的色身，大宅是「故宅」，即是「不與萬法為侶」的人人本具的般若空性或本然佛性。此一思想係源於《法華經》的火宅喻。所以龐居士雖現在家身相，卻充滿了出塵離欲的意願。如他的詩偈中又說：「余家不奈煩，放火燒屋積；葛五成灰燼，塵六無一二。有物蕩淨盡，惟餘空閑地；自身赤裸裸，體上無衣被。更莫憂盜賊，逍遙安樂睡；一等被火燒，同行不同利。」既無家累，亦無財累，不戀一物，不著一塵，赤身裸體，住於空境，如此逍遙，絕不同於一般遭了回祿的人家，所能感受得到的。

四、主張實證解脫，實際離欲

俗人的俗事，便是妻兒家產的擁有及經營。龐居士雖有家有眷，有妻有女，卻無有恆產，則無疑問，因在他的詩偈中，有「余為田舍翁，世上最貧窮；家中無一物，啟口說空空」的句子。雖有老妻，卻主張離淫欲，才能得脫地獄及傍生的生死之苦，他說：「身如水上沫，命似當風燭；常須慎四虵（地、水、火、風），持心捨三毒（淫、怒、癡）。相見論修道，更莫著淫欲；淫欲暫時情，長劫入地獄。縱令得出來，異形人不識；或時成四足，或是總無足。」他又說到男女及妻的問題：「外色有男女，長成愛作賊；有妻累我來，牽我入牢獄；我亦早識渠，誘引入吾室；內外總團圓，同飡一缽食；食飽斷虛妄，無相即無福。」他將兒女之情及妻室之欲，視作牽累入地獄的「愛賊」，故已早日警覺。雖住一室，同飡一缽，要斷「虛妄」，要取「無相」。因為此身危脆，如水上泡，此命微弱，如風中燭，隨時都會死亡，彼此相見，須論如何修道，否則被情欲所困，死後長劫入地獄，縱然從地獄出來，亦將往異類中去投生。此等怵目驚心的敍述，豈是一般耽於家室之樂，而又以維摩詰或龐居士自況的在家學佛者所能比擬的呢？因此龐居士也訶斥貪、瞋兩種心病，他說：「合瞋不須瞋，合喜不須喜；喜即淫欲生，瞋即毒蛇起；毒蛇起猛火，淫欲成貪鬼。」當然，龐居士的詩偈中，有好多「無心」、「無求」、「無念」、「無住」、「無生」、「無相」等的名詞，所以他不贊成形式上的出家，故說：「出家捨煩惱，煩惱還同住。」他主張要在實證上的解脫，實際上的離欲，故又說：「無求出三界，有念則成癡；求佛覓解脫，不是丈夫兒。」「若悟無生理，三界自消亡；蘊空妙德現，無念是清涼。」對於嚴持齋戒的看法，是一般佛教的通則，但是，持戒的最高功德，是生天的福報，乃係有為有漏的五乘共法。龐居士服膺禪法，是直探無生法忍之門的最上乘法。悟得無生，已出五蘊束縛，只要離淫、怒、癡的三毒，遠地、水、火、風的四大，嚴持齋戒的形式，已經沒有必要。對於一個徹悟之後的自在人，還斤斤計較齋戒嚴淨與否，豈非表示他尚有所著，既然仍有所著，便是未得自在。因此龐居士要說：「十二部經兼戒律，執相依文常受持，生生獲得有為果，隨在三界無出期；若能離相直入理，理中無念亦無思。」又說：「無求勝禮佛，知足勝持齋。」又說：「齋須實相齋，戒須實相戒；有相持齋戒，到頭歸敗壞；敗壞屬無常，從何免三界。」龐居士已說得很清楚，禪者重視實質的修證工夫，不贊成表面的虛飾。他並非否定經教的作用，也未否定齋戒對修行者的價值，如果不能做到「無求」、「知足」而證入實相者，經教當然有用，齋戒仍得嚴淨。可惜有些後世禪者之末流，為了捨不下妻子家業，甚至為了貪淫、嗜酒、食肉，而自鳴為維摩詰行徑，並舉《維摩經．方便品》的「入諸婬舍，示欲之過；入諸酒肆，能立其志」以為搪飾。殊不知，也該看看《維摩經》同品的另幾句話：「雖為白衣，奉持沙門清淨律行；雖處居家，不著三界；示有妻子，常修梵行；現有眷屬，常樂遠離。」離淫、怒、癡，是大、小乘的共通法門，持五戒，是人間道德的基本準則，戒酒則為佛法重智慧、重理性的一大特徵。持戒的等級，分作：1.（一般人的）別解脫戒，2.（修禪得定者的）定共戒，3.（離欲出生死者的）道共戒。三者之中以道共戒最尊貴。已出生死者，自然不犯戒，何必還要一般人所用的齋戒律儀？這是龐居士的著眼處。

五、不執相依文

至於經教，禪宗不立文字之旨，常被誤解為不需經教，或不重佛說，以致一些不學無知的禪徒，只知用邪見邪術，誑惑愚人。其實，龐居士雖將十二部經稱作「執相依文」，他的意思是說，如果僅把經教當作知識學問，尋章摘句地研究，而不依教奉行者，僅得有為善果，不能證入實相。所以又說：「貪瞋不肯捨，徒勞讀釋經；看方不服藥，病從何處輕。」他也指出如何來讀經：「讀經須解義，解義始修行；若能依義學，即入涅槃城。」解經義是讀經的原則，解義的要領是照著經義起修，理論必須配以實踐，始能證明其不虛。可知，龐居士不愧是一位讀書人出身的禪者，從其詩偈內容，也能見到他活用了《六祖壇經》、《維摩經》、《金剛經》、《法華經》、《華嚴經》、《涅槃經》等經。

六、龐女靈照

在《龐居士語錄》之中，記述他女兒靈照之處，有如下的六例：

（一）一日龐翁的老友丹霞天然禪師來訪居士，才到門口，見靈照攜一菜籃。丹霞問：「居士在否？」靈照放下菜籃，斂手而立。丹霞又問：「居士在否？」靈照提籃便行。丹霞遂離去。

（二）龐居士一日在茅廬裡坐，突然說：「難難難！十碩油麻樹上攤。」龐婆接道：「易易易！如下眠床腳踏地。」靈照則謂：「也不難也不易，百草頭上祖師意。」

（三）元和（唐憲宗在位年號，西元八〇六—八二〇年）中，居士北游襄漢（湖北及陝西），隨處而居，有女靈照，常鬻竹漉籬，以供朝夕的生活所需。

（四）居士一日在打坐的時候，問靈照：「古人道：明明百草頭，明明祖師意。如何會（是什麼）？」靈照答道：「老老大大，作這箇語話！」居士曰：「你作麼生（怎麼說）？」靈照曰：「明明百草頭，明明祖師意。」居士乃笑。

（五）龐居士因賣漉籬，於下橋時撲倒，靈照見了，亦去其爺邊倒下，居士曰：「汝作什麼？」靈照曰：「見爺倒地，某甲相扶。」

（六）龐居士將入滅時，令女靈照備湯水、沐浴、著衣，於床端然趺坐，囑女曰：「你看日午則報來。」女依言看已，報曰：「日當已午，而日蝕陽精。」居士云：「豈有任麼事？」遂起來自看。其女尋即據（居士）床，端然而化。居士回屋見之笑云：「俊哉！吾說之在前，行之在後。」於是更延七日。（此條據《祖堂集》卷十五，《龐居士語錄》所載則略異於此）七日後居士脫化於州牧于頔之膝。

從以上所舉的六例看來，龐女既能與劈佛烤火的丹霞禪師對禪機，又能調和龐翁與龐婆的難易，隨侍龐翁自湖南的衡陽到湖北的襄陽，編製竹漉籬與龐翁上市出售，日夕與馬祖傳承弟子的龐翁相伴，耳濡目染，無非灑脫自在的禪的實際生活，故其對於禪的悟境，也有相當深度的體驗。龐翁跌倒時，她以陪同跌倒為相扶；龐翁將示寂，她竟捷足先去，在禪宗史上，類此的女性，尚不多見，甚至根本少見。由於龐翁是居士身，未能住山開法，攝眾鍛鍊，所以未見有法嗣的記載，而其女靈照，肉體為其所出，慧命亦因他而生。這樣的父女關係，不用說，乃是在家菩薩行的標準型態。

七、龐居士語錄

《龐居士語錄》告訴我們的，尚有關於他與當時禪門人物之間的交往情形，除馬祖與石頭和龐居士有師資之誼外，龐居士接觸過的，尚有藥山惟儼、齊峰和尚、丹霞禪師、百靈和尚、大同普濟禪師、長髭禪師、松山和尚、本谿和尚、大梅法常、芙蓉和尚、則川和尚、洛浦禪師、石林和尚、仰山和尚、谷隱道者等十五位，其中的藥山、丹霞、大同、長髭、大梅、芙蓉、仰山等七位，在《祖堂集》中均有傳載，足證是受早期禪門所重的人物。餘如齊峰、百靈、松山、本谿、則川、石林等人，均係馬祖的法嗣，與龐居士同門，也與龐居士一樣，被集錄於《景德傳燈錄》卷八。襄州谷隱，是投子大同的法嗣，見於《景德傳燈錄》卷十五，洛浦禪師則不詳。由龐居士和這些禪師酬對的機緣語句，只能看出當時禪風面貌，卻無法評斷何人的見地，更為高超或較遜一籌。不像《維摩經》的型態，把釋迦世尊座下的諸大羅漢弟子，對比成不堪一擊的弱者，所以龐居士也終究不比維摩詰居士；也許龐居士的對手，雖現聲聞形的出家相，卻不是小乘小機，而都是大乘中的最上乘機之故。彼此旗鼓相當而互為攻錯。

當然，在《龐居士語錄》中，也有三則機緣，似乎是數落僧人的：

（一）龐居士因在床上臥看經，有僧見曰：「居士看經，須具威儀。」居士便翹起一足。僧無語。

（二）居士有一天在洪州市賣笊籬，見一僧化緣，乃將一文錢，問曰：「不辜負信施道理，還道得麼？道得即捨。」僧無語。居士曰：「汝問，我與汝道。」僧便問：「不辜負信施道理，作麼生？」居士曰：「少人聽。」居士又問：「會麼？」僧曰：「不會。」居士曰：「是誰不會？」

（三）居士見僧講《金剛經》至「無我無人」處，問曰：「座主既無我無人，是誰講誰聽？」座主無語。居士曰：「某甲雖是俗人，粗知信向。」座主曰：「祇如居士意，作麼生？」居士以偈答曰：「無我復無人，作麼有疎親？勸君（師）休歷座，不似直求真。金剛般若性，外絕一纖塵，我聞并信受，總是假名陳。」

其實，類似第一、第二兩則機緣的例子，在禪宗其他祖師的語錄中，屢見不鮮。第三則和六祖見講經僧印宗的公案相似，嗣後，講經僧遇到明眼的禪師，瞠目以對的例子也很多。故不得以此視為俗人教訓僧人的表示，這不過是禪者們共同持有的風格而已。大乘經中的《維摩經》是值得弘揚的，禪籍中的《龐居士語錄》也是值得流傳的，不要受了外道邪說的影響，說什麼六祖之後法傳白衣，連帶維摩詰及龐居士也受到正統三寶弟子的排斥。

八、神通並妙用，運水與搬柴

龐居士的最大特色，是除了留有機緣語句的語錄之外，尚有三百多首的詩偈留傳迄今，與他同時的馬祖及石頭門下諸禪師們相比，他是唯一的例子；也許由於他是讀書人出身的居士，中國的文學史上，也給了他應有的地位，並將他的詩偈傳誦下來。

以龐居士的禪風而言，門戶守得很緊，遇著他的人，很少輕鬆地被放過。但對禪的體驗而言，他是掌握住《維摩經》「直心」的要領；也服膺《六祖壇經》所稱「無念為宗，無相為體，無住為本」的原則；復以石頭問他的「日用事」做為依準。他有一偈呈請石頭印可：

日用事無別，唯吾自偶諧；

頭頭非取捨，處處沒張乖。
朱紫誰為號，丘山絕點埃；
神通並妙用，運水與搬柴。

石頭因此認可。

「日用」一詞，原出於《易經．繫辭》上所云：「百姓日用而不知」句，在禪籍中數見禪師們以此語接人，除了石頭問龐居士之外，尚有睦州以之問一秀才，玄沙以之問韋監軍等。「日用」的本意是天天都在生活中接觸的事物，一般人正由於天天接觸，所以沒有留意，也不求了解。宗門「日用事」亦即平常事，穿衣、吃飯、拉屎、睡覺，以及為了穿衣、吃飯、拉屎、睡覺，而去用手、用腳、用嘴、用身體，凡是行、住、坐、臥的任何動作，無一不是日用事。世人誤以修道是異乎尋常的生活方式，印度的小乘禪法，因為基礎跟外道的世界禪定法相通，所以要在離人獨處的靜境中打坐冥想。禪宗則不然，以為日常生活中的行、住、坐、臥之時，無一不是用心修行之時。此在第五祖弘忍大師的〈修心要論〉中，即已提出如此的主張：「若不得定，不見一切境界者，亦不須怪。但於行住坐臥中，常了然守本真心，會是妄念不生，我所心滅，一切萬法不出自心。」也就是說禪者不一定要得定，或見什麼異象，只要能在日常生活中，時時處處、念茲在茲地不違真心，不起妄念，無我，也無與我相對的內外境界，便可以了。六祖惠能大師的《壇經》，也說到：「一行三昧者，於一切處，行住坐臥，常行一直心是也。」

此種禪修的觀念，發源於《維摩經．弟子品》，當維摩詰見舍利弗在樹下坐禪，便說：「唯！舍利弗，不必是坐，為宴坐（禪修）也。夫宴坐者，不於三界現身口意，是為宴坐；不起滅定而現諸威儀，是為宴坐；不捨道法而現凡夫事，是為宴坐；心不住內，亦不在外，是為宴坐；於諸見不動而修行三十七品，是為宴坐；不斷煩惱而入涅槃，是為宴坐。若能如是坐者，佛所印可。」其中以「不起滅（受想）定而現諸威儀」，「不捨道法而現凡夫事」之句，最能顯出維摩詰的禪法大異於小乘禪法，也就是在現實的生活中，能夠不離解脫的滅受想定，在凡夫狀況的生活中，仍能夠不離無上的解脫道。此所以禪宗主張即日用事為涅槃境及菩提道的根據。而且用禪的方法，的確能夠使人達成如此的目的。

六祖惠能大師，以「常行一直心」為他所提倡的一行三昧，並且徵引《維摩經·佛國品》的「直心是淨土」，要求修行者做到「但行直心，於一切法，勿有執著」。到了六祖的三傳，也就是龐居士的老師馬祖道一大師，則主張「若欲直會其道，平常心是道」，將《維摩經》的「直心」改為「平常心」，而說：「只如今，行住坐臥，應機接物，盡是道。」這種「直心」和「平常心」，實即是「日用事」中無取、無捨、無執著的心行。無怪乎龐居士要把日常生活中的「運水與搬柴」即當作「神通並妙用」了。

現在且以語體文，將前述龐居士的八句詩偈，試釋如下：

沒有其他什麼叫作日用事，
只是我與我自己作伴調和。
凡事凡物，非取亦非捨；
時時處處，無好亦無壞。
紅底與紫底本來沒有名字，
矮丘和高山根本無一點塵。
所謂神通的妙用，

就是井邊打水，山邊搬柴。

（一九八五年五月二十八日於美國紐約禪中心）

附錄　禪與新心理療法

這是聖嚴師父在紐約禪中心主持的第三十二次禪七，參加的人數雖僅十八位，都是來自東、西方的好幾個國家；成員中有公務員、工程師、作家、醫生，以及三位教授等。五月三十日早上禪七圓滿後，特自英國趕來的約翰．克魯克博士在他搭機回倫敦之前數小時，要求師父給他三十分鐘的個別談話，希望請教幾個問題。我奉師父之命，擔任傳譯；其實師父在禪七中給禪眾小參時，根本不用翻譯，此次想必另有用意。結果是命我把這次的問答內容，用中文記錄下來，交給《人生》發表，用饗讀者。

克魯克博士，現任倫敦布里斯托大學心理系的教授（Dept. of Psychology, University of Bristol），他也是一位心理治療師。他因讀到師父的英文著作 *Getting the Buddha Mind*（《佛心》）之後，慕名前來參加禪七。他從十四歲時，有了一次類似東方宗教的經驗之後，一直追究東方宗教的內涵；四十二個年頭以來，他以日本曹洞宗的「禪」做為修行方法，也受了西藏佛教的菩薩誓願。現在追溯到了禪的源頭——中國人所教的禪法，所以非常高興。

現將克魯克博士與師父的問答對話，記錄如下：

克魯克博士（以下簡稱克）：請問師父，在西方弘揚禪法，與在東方有無不同？

聖嚴法師（以下簡稱師）：西方人能來接觸禪法者，大抵已有若干哲學思辨的基礎，並且著重於實用，所以弘揚方式是有一些不同的。

克：在弘法的對象及內容上，東、西方有何不同？

師：過去中國的禪寺，多在山林中，禪的修行者亦以出家眾為主。現在的臺灣及日本，社會結構已從農業進入工商時代，長期以禪為修行法門的人，也愈來愈少。一般在家人為了身心健康而來學靜坐的，則日漸增加，此與禪者的禪修，應該是不同的。中國的禪者，大多不以「開悟」為目標，而是以明心見性後的「了生脫死」為著眼。禪宗不是一般的宗教，卻有宗教的內涵，所以重視信心，不在於急求獲得身心的特殊經驗。

西方人重視開悟見性，往往把禪修中一時的特殊經驗，視為解脫及悟境；同時在做短期的修行期間，西方人能夠極其精進，效果也較快速；可是在短期修行之後，由於平常的生活環境及生活習慣，仍與一般的俗人無異，要想突破較深的禪障，則亦困難。我對西方人多用理性的疏導，在禪理的說明方面，較重於思想的層次，在方法的傳授方面，也重於實用有效為原則；對東方人則比較重於信心的奠立，以及正知、正見的啟發。雖不拒在家人學禪，禪修者的生活，仍以離欲的出家模式為原則，否則，禪修和靜坐易於混淆，戀世的實用主義與入世的悲智雙運之間，也就無從區別了。

克：我出身於基督教家庭，十四歲時發生了一次精神領域的特殊經驗，基督教無法給我答案。恰巧於韓戰期間，我被徵召入伍，以軍官身分派駐香港，擔任防衛工作，因此接觸到了佛教；後來在西藏喇嘛前，受了菩薩誓願，要以佛法普濟眾生。現在我的職業是教授，我的業餘，則以心理治療並在家中的週末聚會傳播佛法，希望透過禪的方式來接引西方人士。

我曾在美國的加州，遇到傑夫．洛夫先生（Mr. Jeff Love）以及他的老師查爾斯．勃耐爾先生（Mr. Charles Berner），教我用他們發明的方法，在倫敦舉辦每次為期五天的修行法會。他們曾到印度學習宗教哲學，又曾到日本修學禪修的方法，綜合而成為一套新的心理治療法。

由於今天的英國人，雖在健全的社會福利事業的保護下，沒有飢凍而死的顧慮，卻有核戰的恐懼、失業的打擊、英格蘭與愛爾蘭的對立、經濟蕭條等的陰影困擾著他們。因此便有許多人會自然而然地發出類似禪宗所用公案話頭的疑問，例如：「我是誰？」「其他的人是誰？」「生命是什麼？」等等。為了幫助這些失落了自我、在現實中迷惘的人們，自重重的心理壓力中減輕負荷，所以讓他們來參加為期五天的修行課程。

頭兩天，跟普通的禪修一樣，專心靜坐，不許講話。後三天則是分組討論，討論的方式是兩人一組，彼此發問。五分鐘為限，由 A 發問，B 回答。題目分作四個，問答時由參加者自由選擇，那就是：1.「我是誰？」2.「生命是什麼？」3.「如何獲得生命之滿足？」4.「他人是誰？」

兩人對坐，一人擔任問話，一人回答，要不假思索地脫口而出，五分鐘後，彼此對調。一組完畢，再與別組互換問答的對象，一回四十分鐘。三天之內，在如是循環反覆地問答的情況下，便能漸漸進入真情流露、自我宣洩的狀態，把積壓在內心深處的不滿感受傾吐出來，並且是以極度地憤怒與狂笑、猛哭等方式表現出來。經過如此的情況之後，便獲得情緒的紓放、心理壓力的解除；從面容上，也可發現他們和藹可親、莊嚴安詳類似菩薩的面相，跟以前那種急躁憂鬱、憤世嫉俗、無可奈何的模樣完全不同了。

師：這方法聽起來不錯，請問在每次參加的人之中，有多少人能達到如此的效果？尚有沒有更進一步的進修方法？

克：大約有四分之一。他們在獲得宣洩的補償之後，心理平穩，思想沉著敏銳；再讓他們對答時，問題就進入形而上的範圍了，比如說：「什麼是真實？」「什麼是上帝？」「什麼是全體？」等。他們的答案，也與東方所說的「空」、「道」、「理」等觀念接近了，如「心靜」、「心淨」、「無時間與空間」等。

師：那其餘四分之三的人，得到些什麼反應呢？

克：他們雖未得到情緒上的盡情發洩，然在彼此的對答互問時，經過三天的耳濡目染，也能理解到今人的精神壓力的事實是什麼，因此較能培養容忍、諒解、自制的心理力量，所以還是有了收穫。

師：如果已有精神病的人，能否參加這種修行課程？

克：不行，我們在廣告中的要求很嚴格，自認能夠來的才來，否則五分鐘限制的互換問答，對手的方式便無法控制；參加者自認為有心理壓抑，卻尚未到要被送進精神病治療中心的程度才敢來。

師：我們這次的禪七沒有讓大家哭泣，如果因緣需要，在我的禪七中，使百分之八十以上的人哭泣是常有的事。禪七沒有一定的模式，不過，使用哭泣與狂笑等來發洩禪眾的積鬱，的確是一種有助於禪修的預備方法，但由於對象及其當下心態的不同，也不一定要用這種方法。

克：請問師父，我剛才說的五天為期的心理治療法，從禪的立場說，值得做嗎？與禪有關係嗎？以禪的立場看，當如何改進？

師：那只是現代心理學的一種發現，雖然學取了禪宗用的公案話頭，做為一種心理治療的技巧，其中並沒有禪宗的心法。禪修者必須具備大信心、大願心、大憤心的三個條件，你剛才所說的方法之中，並不能發現大信、大願，充其量有了憤懣不平之心，也不是禪者的大憤心。如果你能把他們進一步引入禪的修行，那就更好了。

克：我真希望能夠請師父光臨倫敦，來為我們主持禪七；如果我能籌夠了師父的飛機票，並借到了場地，師父能否來倫敦呢？

師：你這構想很好！一切法皆從因緣生，凡事沒有不可能的，飛機票應該不是要考慮的主要問題。我倒希望你能再來參加至少兩次禪七，讓你多了解一些我究竟在教些什麼之後，再邀我到倫敦，可能更好一點。

克：現代西方人習禪的目的，多是為了悟境的開發，開悟之後如果僅有智慧而無濟度眾生的悲心，應該不是禪的表現。我們用前述的心理治療法，人在情緒的發洩之後，也會產生一種對他人的仁慈（Kindness），不知師父有何意見？

師：是的，如果沒有慈悲心而說開了悟，那不是真的開悟。智慧的作用，對己是破執著、除煩惱，執著與煩惱，均以「我」為中心；對人則是慈悲地救助。只知求智慧的人，不會有真智慧發生；自我中心重的人，當然也不會有真慈悲。禪法即是佛法，佛法的內容，便有慈悲與智慧；悲與智在佛法，如鳥有兩翼，車有二輪。當然，自我中心的自私心愈輕，客觀的程度愈高，所持的觀點也愈正確。但是聰明人並不等於已從禪法獲得了悟境，所以智慧有世俗智、出世智、世出世間智的三類等級，禪者之智，當係最高的一等。

你所用的心理治療法，可產生對人的仁慈，事實上也能使人穩定、平靜和敏銳，看似智慧與慈悲，其間卻有不同。因為他們並未開悟，故也仍有「我」在，既有「我」在，尚非真有佛法所要求的智慧與慈悲。

克：當一個人能將「自我」看輕、看淡，終至於有「與萬物一體」的感覺，這樣再發展下去，對東方人說是否就是佛、道、空性？與西方人說的上帝、至高無上的神等的境界，是否相同？雖給了它不同的名稱，實質是否指的一樣東西？

師：這是一大問題，不是三言兩語可能解說得清的。不過，佛法不是「唯物論」者，卻是「無神論」者，不承認有一個最初因的上帝。佛不是最初的因，也不是全體的果；任何其他的宗教，如印度教，寧可接受全神的信仰，也難信受無神之說。

佛法的空性，不同於本體的道，是從緣起的萬法而見法法皆無自性，故稱為空；此一「空」義，也不是泛神論者所說遍在的神。總之，佛法去執，凡所有相，皆是虛妄；不論執始、執終，執多、執一，執空、執有，執全體、執兩邊，執永恆、執普遍，都非真佛法，與禪不相應。

我倒想問你，你在這次禪七中，以心理學的觀點而言，學到了什麼沒有？

克：有，不少。但是最感新鮮的，是師父教我們以「面對困難」接受困難，便是「對治」困難的妙法。師父說：「腿痛不是問題，若能任它痛，痛到後來便不是痛而是涼。」可見如《華嚴經》所說「一切唯心造」，不論苦境、樂境，不是客觀的事實，都是主觀的自心作用。

（一九八六年五月三十日曾憲煒居士記錄於美國紐約禪中心）

國家圖書館出版品預行編目資料

拈花微笑 / 聖嚴法師著 . -- 四版 . -- 臺北市 :
法鼓文化 , 2018.03
面； 公分
ISBN 978-957-598-774-9(平裝)

1. 禪宗 2. 佛教說法

226.65 106024636

禪修指引 5

拈花微笑

Holding a Flower and Smiling

著者 聖嚴法師
出版 法鼓文化
總審訂 釋果毅
總監 釋果賢
總編輯 陳重光
編輯 林蒨蓉、李書儀
封面設計 黃聖文
美術編輯 Rooney Lee
地址 臺北市北投區公館路一八六號五樓
電話 02-28934646
傳真 02-28960731
網址 http://www.ddc.com.tw
E-mail market@ddc.com.tw
讀者服務專線 02-2896-1600
初版一刷 一九八六年
四版三刷 二〇二四年四月
建議售價 新臺幣三四〇元
郵撥帳號 50013371
戶名 財團法人法鼓山文教基金會—法鼓文化
北美經銷處 紐約東初禪寺
Chan Meditation Center (New York, USA)
Tel: (718) 592-6593 E-mail: chancenter@gmail.com

法鼓文化